s v eurs e ε' 2 ε c qui en ont ete e ultes, e qu on ouvera le tableau ι
été calculées par la formule

$$3\varepsilon' + 2\varepsilon'' bc = \frac{24}{\pi^2} \cdot \frac{c^2}{a b^2} \cdot Q,$$

qui se déduit de l'équation (6) [V]. On sait que $\pi = 3,1416$.

RECUEIL

DES

ORDONNANCES ET RÉGLEMENTS

DE LOUIS XVIII.

4298

AVIS.

On trouve chez *Firmin Didot* les Ouvrages de M. le baron FAVARD, Maître des Requêtes, et Conseiller à la Cour de cassation :

1° LA CONFÉRENCE DU CODE CIVIL, avec les discussions particulières du Conseil d'état et du Tribunat, avant la rédaction définitive de chaque projet de loi, 8 vol. in-12. Prix, 22 fr.

2° LE MANUEL POUR L'OUVERTURE ET LE PARTAGE DES SUCCESSIONS, avec des tableaux à l'aide desquels on connaît facilement les degrés de parenté de tous les membres d'une famille, et les droits que chacun peut avoir dans la succession qui lui est échue, vol. in-8°. Prix, 7 fr.

3° LE TRAITÉ DES PRIVILÉGES ET HYPOTHEQUES, avec le rapprochement des lois, des décrets, des avis du dernier Conseil d'état, et des arrêts de la Cour de cassation rendus sur cette matière, depuis la publication de la loi sur les hypothèques, 1 vol. in-8°. Prix, 7 fr.

On trouve également chez *Firmin Didot* les cinq Codes avec les Motifs qui en ont précédé l'adoption. A la marge du texte de chaque Code, on indique ce qui a été dit sur chaque article. Ces Recueils, faits sur un plan qui leur est particulier, ont été imprimés avec les mêmes caractères et dans le format in-12. Ils peuvent être pris séparément à raison de 2 fr. 75 c. le volume.

RECUEIL

DES

ORDONNANCES ET RÉGLEMENTS

DE LOUIS XVIII,

Sur la Charte constitutionnelle ; sur l'organisation et les attributions du Conseil d'état, et sur la nature des affaires qui doivent être portées à chacun de ses comités ;

On y a joint des Décisions rendues par le dernier Conseil d'état, tant sur la compétence des préfets et des conseils de préfecture, que sur le contentieux de l'administration.

A PARIS,

CHEZ FIRMIN DIDOT, LIBRAIRE,

IMPRIMEUR DE L'INSTITUT, RUE JACOB, N° 24.

1814.

TABLE

ALPHABÉTIQUE ET RAISONNÉE

Des Ordonnances et Réglements de Louis XVIII, contenus dans ce Recueil, et de différentes Décisions rendues par le dernier Conseil d'état, depuis 1806, époque de l'établissement de sa Commission du contentieux, jusqu'au 30 mars 1814.

OBSERVATION.

LES décrets imprimés dans ce Recueil ont été insérés au Bulletin des lois, mais se trouvant épars et confondus avec tant d'autres lois, on a cru qu'il serait commode de les avoir réunis ; ils forment le complément de la législation administrative ; ils fixent particulièrement la compétence, long-temps incertaine, des préfets et des conseils de préfecture dans les affaires contentieuses. On s'est borné à ces décrets, parce qu'ils suffisent pour rappeler les principes nécessaires au maintien de la ligne de démarcation d'entre les attributions de l'autorité judiciaire et celles de l'autorité administrative.

Les décrets non publiés dans le Bulletin n'ont pas moins été recueillis avec soin et déposés aux archives du Conseil : l'ordre qui y règne rendra facile toute espèce de recherches aux personnes qui voudront les consulter.

....

A.

ADJUDICATION. D'après l'article 1596 du Code civil, les officiers publics ne peuvent se rendre adjudicataires, ni par eux-mêmes, ni par personnes interposées des biens nationaux dont les ventes se font par leur ministère.

C'est par application de ce principe qu'une adjudication de biens nationaux, faite à un secrétaire général de préfecture, a été annullée par une décision du Conseil d'état (*Décret du 11 avril 1810, page* 134).

ADJUDICATION. Un sieur Delogre était adjudicataire d'une portion de bien à lui vendue, comme appartenant à la caisse d'amortissement : son adjudication a été annullée pour cause d'erreur matérielle dans la désignation, et pour défaut absolu de possession et de propriété de la pièce adjugée. (*Décret du 17 janvier 1814, page* 227).

AVOCATS AU CONSEIL D'ÉTAT. Par une ordonnance du roi du 10 juillet 1814, le nombre des membres du collége des avocats au Conseil d'état ne peut excéder soixante. Ces avocats sont exclusivement chargés de la défense des affaires portées au Conseil d'état et à ses différents comités; ils sont soumis aux règles de discipline prescrites par le titre 27 de la seconde partie du réglement du Conseil du 28 juin 1738, et par les arrêts du Conseil, intervenus en conformité du réglement.

Quant à l'instruction des affaires, les avocats doivent, d'après l'article 20 de l'ordonnance du Roi du 29 juin 1814, se conformer, jusqu'à ce qu'il en ait été autrement ordonné, aux réglements et usages qui étaient observés au dernier comité contentieux.

Ainsi le réglement du 22 juillet 1806 doit continuer provisoirement d'être exécuté. (*Ordonnance du 10 juillet 1814, page 56. — Réglement de discipline, du 28 juin 1738, page 85*).

B.

BUREAU DE BIENFAISANCE. Les membres d'un bureau de bienfaisance ne peuvent être poursuivis à raison des actes relatifs à l'exercice de leurs fonctions, sans l'autorisation du Gouvernement. (*Décret du 14 juillet 1812, page 170*).

C.

CARRIÈRES. La loi du 17 septembre 1807, art. 55, accorde une indemnité aux propriétaires des terrains occupés pour prendre les matériaux nécessaires aux constructions publiques; elle ajoute qu'il n'y aura lieu à faire entrer dans l'estimation la valeur des matériaux à extraire, que dans le cas où l'on s'emparerait d'une carrière en exploitation.

Il a été décidé qu'on ne pouvait réputer carrière en exploitation, que celle qui offre au propriétaire un revenu assuré, soit qu'il l'exploite régulièrement par lui-même et pour ses besoins, soit qu'il en fasse un objet de commerce en exploitant régulièrement par lui-même ou par autrui. (*Décret du 6 septembre 1813, page* 200).

CHARTE CONSTITUTIONNELLE. Elle consacre les droits publics des Français et les formes du gouvernement du Roi; elle institue une chambre des Pairs et une chambre des Députés des départements dont elle fixe les différentes attributions; elle assure l'indépendance de l'ordre judiciaire, et rappelle les droits particuliers garantis par l'État. (*Charte constitutionnelle du 4 juin* 1814, *page* 1).

Les relations que les Chambres doivent avoir avec le Roi, et celles qu'elles peuvent avoir entre elles sont établies par un réglement qui, sur la proposition du Roi, a été discuté, délibéré et adopté par les deux Chambres. (*Réglement du 13 août 1814, page 245*).

CHEMINS VICINAUX. 1° Aux termes de l'art. 6 de la loi du 9 ventose an XIII, le droit de classer les chemins vicinaux et d'en fixer la largeur n'appartient qu'à l'administration publique, c'est-à-dire, aux préfets.

2° La question de savoir si le terrain sur lequel un chemin vicinal est établi appartient à une commune ou à de simples particuliers, est une question de propriété qui, comme toutes celles de ce genre, est du ressort exclusif des tribunaux.

3° L'arrêté du préfet qui déclare un chemin vicinal ne fait pas obstacle à ce que la question concernant la propriété du terrain soit soumise aux tribunaux; car tout ce qui résulte de l'arrêté, c'est que le chemin est reconnu nécessaire, et doit être maintenu, sauf à indemniser le tiers qui serait judiciairement reconnu propriétaire du terrain. (*Décret du 16 octobre 1813, pag. 207. — Autre décret du même jour, page 211. — Autre décret du 6 janvier 1814, page 223*).

COMITÉ DE LÉGISLATION. Il est composé de six conseillers d'état et de douze maîtres des requêtes ordinaires.

Deux maîtres des requêtes surnuméraires lui

a.,

ont été attachés en vertu de l'article 14 de l'ordonnance du Roi concernant l'organisation du
Conseil d'état; il est présidé par le chancelier,
ou en son absence par un Ministre d'état nommé par le Roi. Le Chancelier peut le diviser
en deux bureaux.

Ce comité est chargé de préparer tous les
projets de lois et de réglements sur toutes matières civiles, criminelles et ecclésiastiques. Ces
projets doivent ensuite être délibérés en Conseil d'état avant d'être définitivement soumis
au Roi.

Il examine les bulles et actes du Saint-Siége
et les actes des autres communions qui doivent
être soumis à l'approbation du Roi. (*Ordonnance du Roi du 29 juin 181*, *page* 37).

On trouve les noms des membres qui composent ce comité, page 77).

COMITÉ DU CONTENTIEUX. Il est composé
de six conseillers d'état, de douze maîtres des
requêtes ordinaires et d'un secrétaire-greffier;
deux maîtres des requêtes surnuméraires ont
été attachés à ce comité, qui connaît du contentieux de l'administration de tous les départements, des mises en jugement des administrateurs et préposés, des conflits.

Ses avis sont rédigés en forme d'arrêt ou de
jugement, qui ne seront définitivement arrêtés

qu'après avoir été rapportés et délibérés dans le Conseil d'état, où après avoir reçu la sanction directe du Roi.

Il est tenu registre des délibérations de ce comité, qui a en conséquence un secrétaire-greffier qui garde les papiers et minutes, et reçoit directement des diverses administrations ou des parties, les affaires qui sont de la compétence du comité.

Il est composé de six conseillers d'état et de douze maîtres des requêtes ; il est présidé par notre chancelier, et en son absence par un conseiller d'état vice-président. Il peut être divisé en deux bureaux.

Il a un secrétaire.

Un réglement particulier doit fixer le mode à suivre pour l'instruction et la décision des affaires ; mais en attendant qu'il en ait été autrement ordonné, on doit se conformer au décret du 22 juillet 1806, contenant le réglement pour les affaires contentieuses, et aux usages qui étaient observés au dernier comité contentieux. (*Ordonnance du Roi du 5 juillet* 1814, *art.* 9, 20 *et* 21, *pages* 36 *et* 42).

Mode de communication des pièces justificatives déposées aux archives de la cour des comptes. (*Décret du* 27 *mars* 1809, *p.* 128).

On trouve les noms des membres qui composent ce comité, page 78).

COMITÉ DE L'INTÉRIEUR. Ce comité est composé de cinq conseillers d'état et dix maîtres des requêtes ordinaires : deux maîtres des requêtes, l'un honoraire et l'autre surnuméraire, ont été attachés à ce comité.

Il prépare les projets de lois, de reglements et tous autres relatifs aux matières comprises dans ses attributions.

Il propose en forme d'arrêt, des jugements sur des affaires d'intérêt local ou individuel de son département, autres que les affaires contentieuses ; lesquels arrêts ne sont définitifs qu'après avoir été soumis au Roi en Conseil d'état, dans un travail particulier, par le Ministre de l'intérieur. (*Ordonnance du 29 juin 1814, art. 11, page* 37).

On trouve le nom des membres qui composent ce comité, à la page 79.

COMITÉ DES FINANCES. Ce comité est composé de cinq conseillers d'état et de dix maîtres des requêtes ordinaires : deux maîtres des requêtes surnuméraires ont été attachés à ce comité.

Il prépare les projets de lois, de réglements et tous autres relatifs aux matières comprises dans ses attributions.

Il propose en forme d'arrêt, des jugements sur des affaires d'intérêt local ou individuel de son département, autres que les affaires contentieuses; lesquels arrêts ne sont définitifs qu'après avoir été soumis au Roi, en Conseil d'état, dans un travail particulier, par le Ministre des finances. (*Ordonnance du Roi du* 29 *juin* 1814, *art.* 11, *page* 37).

On trouve les noms des membres qui composent ce comité, à la page 80).

COMITÉ DU COMMERCE ET DES MANUFACTURES. Ce comité est composé de quatre Conseillers d'état et de six maîtres des requêtes ordinaires : deux maîtres des requêtes surnuméraires ou honoraires ont été attachés à ce comité.

Il prépare les projets de lois, de réglements et tous autres relatifs aux matières comprises dans ses attributions.

Il propose en forme d'arrêt, des jugements sur des affaires d'intérêt local ou individuel de son département, autres que les affaires contentieuses; lesquels arrêts ne sont définitifs qu'après avoir été soumis au Roi en Conseil d'état dans un travail particulier, par le Ministre de l'intérieur. (*Ordonnance du Roi du* 29 *juin* 1814, *art.* 11, *page* 37).

On trouve les noms des membres qui composent ce comité, page 81.

COMMISSION DU SCEAU. Cette commission remplace le Conseil du sceau des titres; elle est composée de trois conseillers d'état et de trois maîtres des requêtes, d'un commissaire faisant fonction de ministère public, du secrétaire du sceau et d'un trésorier.

Elle connait de toutes les affaires qui, d'après les statuts et réglements relatifs aux titres et majorats, ressortissaient au dernier Conseil du sceau des titres; elle statue sur la régularité, quant à leur forme extérieure, des actes de notre juridiction gracieuse, qui devront être présentés au sceau, et en général sur tous les objets analogues que le Roi jugera à propos de lui attribuer.

Elle statue sur toutes affaires par un avis formé à la majorité des voix.

Les fonctions de secrétaire du sceau appartiennent au secrétaire-général de la chancellerie de France.

Il y a près la commission six référendaires qui exercent près d'elle, exclusivement pour l'instruction et la suite des affaires qui lui sont attribuées, les fonctions précédemment exercées par les avocats du dernier Conseil d'état. (*Ordonnance du Roi du* 29 *juin* 1814, *page* 31).

On trouve les noms des membres qui composent ce comité, page 82.

COMMISSION POUR LA RESTITUTION DES BIENS NON VENDUS DES ÉMIGRÉS. Cette commission, formée en vertu d'une ordonnance du Roi, est composée de cinq membres nommés par Sa Majesté, savoir, d'un Ministre d'état qui la préside; de deux conseillers d'état, et de deux maîtres des requêtes. Ces derniers ont voix délibérative comme les conseillers d'état.

Elle est chargée, 1° de discuter et arrêter tous les projets de loi qu'elle juge convenable de proposer au Roi relativement aux émigrés, tant sur leurs personnes que sur ceux de leurs biens qui n'ont pas été vendus, ou qui l'ayant été, se trouvent, n'importe à quel titre, réunis au domaine ;

2° De l'examen et de la discussion de toutes les demandes en restitution des biens invendus qui se trouvent dans la main du Gouvernement après avoir été sequestrés ou confisqués pour fait d'émigration ;

3° De concilier les divers intérêts des réclamants, soit entre eux, soit vis-à-vis de leurs créanciers, soit vis-à-vis des intérêts du trésor, et de soumettre au Roi les projets de décision sur chaque réclamation.

Les demandes sont adressées au Ministre-secrétaire d'état des finances ou au préfet du département de la situation des biens réclamés, qui les transmet à Son Excellence. Dans les deux cas, le ministre secrétaire d'état, après avoir pris les renseignements convenables, et donné son avis, envoie le tout au ministre d'état président de la commission.

Les décisions de la commission sont arrêtées

à la pluralité des voix; elles sont rédigées en forme de *vu d'arrêt*, et ne peuvent avoir d'effet qu'après l'approbation du Roi.

(On trouve les noms des membres qui composent cette commission à la page 84).

COMMUNE. La réunion des communes ne doit porter aucune atteinte à leurs droits respectifs; en conséquence, la commune qui a un droit d'affouage ne le transfère pas à la commune qui lui est réunie. (*Décret du 17 janvier 1813, page 179*).

COMPTABLES. Les comptables destitués et rétentionnaires de deniers publics peuvent être mis en jugement et traduits devant les tribunaux criminels, sans décision du Conseil d'état. (*Avis du Conseil d'état du 16 mars 1807, page 109*).

Le mode établi pour le recouvrement du débet des comptables est commun à leurs agents ou préposés, lorsque ceux-ci ont fait personnellement la recette des deniers publics. (*Décret du 12 janvier 1811, page 138. Voyez en outre les avis du Conseil d'état des 29 octobre 1811, page 158, et 24 mars 1812, page 155*).

CONFLITS D'ATTRIBUTIONS. 1° Les conflits entre l'autorité administrative et l'autorité judiciaire doivent etre renvoyés à la commission du contentieux. (*Avis du Conseil d'état, du 22 janvier 1813, page 182*).

2° L'arrêté du 13 brumaire an X, relatif aux

conflits d'attributions, n'est pas applicable aux contestations terminées par des jugements ou arrêts qui ont acquis l'autorité de la chose jugée. (*Décret du 6 janvier* 1814, *page* 220).

3° Il n'appartient au Gouvernement de prononcer sur la compétence des tribunaux ou des corps administratifs, que dans les cas où il existe un conflit positif résultant de la revendication faite par l'autorité administrative, ou un conflit négatif résultant de la déclaration faite par les autorités judiciaires et administratives, que l'affaire n'est pas dans leurs attributions respectives.

Hors des cas ci-dessus, l'autorité supérieure dans la hiérarchie, soit judiciaire, soit administrative, doit prononcer sur les exceptions d'incompétence qui lui sont présentées. Ainsi, la cour de cassation a le droit d'annuller les arrêts et jugements qui auraient violé les règles sur la compétence, comme les autres lois dont la garde et la conservation sont confiées à cette cour. (*Avis du Conseil d'état du* 12 *novembre* 1810, *page* 151).

D'après ces principes, le Conseil a rejeté la requête d'un sieur Brisac, qui s'était pourvu contre un arrêt de la Cour royale de Paris, parce qu'elle n'avait pas eu égard à un déclinatoire par lui proposé. On a décidé qu'il ne devait pas se pourvoir au Conseil d'état, mais bien à la Cour de cassation. (*Décret du 6 novembre* 1813, *p.* 215).

CONSEIL D'ÉTAT (Organisation du). Le Conseil d'état est composé du Roi ;

Des Princes de la famille royale ;

Du Chancelier de France ;

Des Ministres-secrétaires d'état ;

Des Ministres d'état ;

De Conseillers d'état ;

De Maîtres des Requêtes.

Les membres du Conseil d'état sont classés et distribués ainsi qu'il suit :

1° Le Conseil d'en haut, ou des Ministres ;

2° Le Conseil privé ou des parties, qui prend le titre de Conseil d'état ;

3° De cinq comités, savoir :

Le comité de législation ;

Comité contentieux ;

Comité de l'intérieur ;

Comité des finances ;

Comité du commerce.

Le Conseil d'en haut, ou des Ministres est composé des Princes de la famille royale, du Chanceliér ;

Et de ceux des Ministres - secrétaires d'état, des Ministres d'état et des Conseillers d'état qu'il plaît au Roi de faire appeler pour chaque séance.

Ce Conseil délibère en présence du Roi sur les matières de haute administration, sur la législation administrative, sur tout ce qui tient à la police générale, à la sûreté du trône et du royaume.

Les projets de lois et généralement toutes les affaires qui devront être soumises à l'approbation du Roi, et qui ne l'auraient pas reçue dans le Conseil d'état, seront présentés à Sa Majesté dans ce Conseil, ou soumis directement, suivant qu'elle le jugera convenable.

Le Conseil d'état sera composé des Ministres-secrétaires d'état, de tous les Conseillers d'état et Maîtres des réquêtes ordinaires.

Il examinera les projets de lois et réglements qui auront été préparés dans les divers comités.

Chacun des Ministres y rapportera, ou y fera rapporter par un Conseiller d'état ou un Maître des requêtes qu'il aura choisi, les projets de réglements et de jugements qui auront été convenus au comité contentieux et autres comités, pour y être définitivement arrêtés.

Il vérifiera et enregistrera les bulles et actes du Saint-Siége, ainsi que les actes des autres communions et lettres.

Il connaîtra des appels comme d'abus.

Ce Conseil aura un secrétaire qui tiendra registre des délibérations, gardera les papiers et minutes, suivra la correspondance, en délivrera tous extraits, copies ou expéditions.

Les attributions de chaque comité sont expliquées à l'article qui le concerne, et auquel on renvoie. (*Ordonnance du Roi du* 29 *juin* 1814, *pages* 34 *et* 35).

CONSEILS DE PRÉFECTURE (Compétence des).

1° Les Conseils de préfecture sont spécialement chargés, par la loi du 28 pluviose an VIII, de prononcer sur le contentieux des domaines nationaux. C'est dès-lors à eux qu'il appartient exclusivement de s'expliquer sur ce qui a été compris dans les ventes faites par l'autorité administrative.

C'est en exécution de ce principe, que des jugements rendus par le tribunal civil de Meaux, sur l'interprétation de la vente d'un domaine national, ont été déclarés comme non avenus, et que les parties ont été renvoyées devant le Conseil de préfecture de leur département. (*Décret du* 18 *septembre* 1813, *page* 203).

2° Mais la compétence de l'autorité administrative se borne à expliquer et interpréter les seules ventes de domaines nationaux *faites devant elle et par elle ;* parce que les tribunaux d'exception doivent se renfermer strictement dans les attributions qui leur sont confiées.

Aussi le Conseil a-t-il rejeté le pourvoi de l'administration des domaines contre un arrêté de Conseil de préfecture, qui s'était déclaré incompétent pour connaître de ventes faites par des corporations religieuses de pays conquis et réunis à la France, avant leur suppression et la main-mise du gouvernement. (*Décret du 6 novembre* 1813, *page* 215).

3° Si la contestation ne peut être jugée que d'après danciens titres et des convenances locales, dont l'interprétation appartient aux tribunaux, l'autorité administrative devient aussi incompétente.

Un arrêté de Conseil de préfecture a été annullé, parce qu'il avait fondé sa décision, non-seulement sur des baux antérieurs à l'adjudication en litige, mais encore sur d'anciens titres et sur les dispositions du code civil. (*Décrets des* 20 *juin* 1812 *et* 30 *juin* 1813, *page* 203).

Un autre arrêté de Conseil de préfecture a été également déclaré nul, attendu qu'au lieu de se borner à la simple explication de l'adjudication, il avait discuté l'état des lieux, invoqué d'anciens baux, l'article 1615 du code civil et la possession. (*Décret du* 10 *août* 1813, *p.* 197).

Enfin, un troisième arrêté de Conseil de préfecture a été annullé, parce qu'il s'était fondé sur un principe relatif aux limites des étangs, d'après le niveau de leurs eaux à la hauteur de leur décharge ; principe dont l'application ne pouvait appartenir qu'aux tribunaux. (*Décret du* 19 *juin* 1813, *page* 188).

4° Les Conseils de préfecture ne sont pas compétents pour déterminer les effets et les conséquences de l'article 14 de la loi du 14 ventose an VII, relative aux domaines engagés. Les contestations qui s'élèvent à cet égard rentrent dans les attributions des tribunaux. (*Décret du 14 juin 1809, page 130*).

5° Le contentieux qui s'élève tant sur la forme que sur le fond des partages des biens indivis entre l'état et les particuliers, doit être décidé par les Conseils de préfecture. (*Décret du 12 juin 1813, page 184*).

6° Ils connaissent également, d'après la loi du 6 ventose an XIII, des dégradations et empiétemens faits ou prétendus faits sur des chemins vicinaux : mais si ces dégradations ou empiétemens donnent lieu à prononcer sur des questions de propriétés, les parties doivent alors être renvoyées devant les tribunaux ordinaires.

7° Les Conseils de préfecture, comme les tribunaux, ne peuvent réformer leurs décisions contradictoires : ce droit n'appartient qu'à l'autorité supérieure. (*Décret du 21 juin 1813, p. 190*).

CONSEIL DES PRISES. L'exécution des décisions de ce Conseil n'est point suspendue par l'effet du recours au Conseil d'état. (*Avis du Conseil, du 11 janvier 1808, page 121*).

D.

DOMAINES ENGAGÉS. Les contestations relatives à l'exécution de la loi du 14 ventose an VII, sur les domaines engagés, appartiennent aux tribunaux.

Pour bien saisir le sens de l'article 14 de cette loi, il faut distinguer entre les charges et les hypothèques dues par l'engagiste au domaine, au moment de la soumission, et celles dues à des tiers. Les premières ont été éteintes et confondues dans le nouveau prix du contrat intervenu entre l'Etat et le soumissionnaire ; mais il n'en est pas de même des autres, elles doivent continuer d'être servies, parce qu'elles sont étrangères au domaine, qui n'a pas pu porter atteinte aux droits des tiers. (*Décret du 14 juin 1809, page* 130).

E.

ÉTRANGERS. Formalités à remplir pour l'exécution des jugements rendus en France au profit des étrangers, dans les matières pour lesquelles il y a recours au conseil d'état. (*Décret du 7 février 1809, page* 126).

F.

FABRIQUES. L'arrêté du 7 thermidor an XI, qui a restitué les biens des Fabriques, a donné lieu à plusieurs questions résolues par le conseil d'état : il s'agissait sur-tout de savoir si les biens des Fabriques que les hospices ont découverts depuis la loi du 13 brumaire an II, qui les déclarait nationaux, jusqu'à l'arrêté du 7 thermidor an XI, qui les a rendus aux Fabriques, devaient appartenir aux hospices par le fait seul de la découverte, et sans qu'ils eussent été envoyés en possession. (*Avis du Conseil d'état du* 30 *avril* 1807, *page* 113).

II.

HALLES ET MARCHÉS. Par la loi du 28 mars 1790 (art. 19), l'assemblée constituante a supprimé les droits de Halle dont jouissaient les seigneurs : mais elle a dit, « que les bâtimens « et Halles continueraient d'appartenir à leurs « propriétaires ; sauf à eux à s'arranger à l'a- « miable, soit pour le loyer, soit pour l'alié- « nation, avec les municipalités des lieux. »

Il est ajouté, par un décret du 9 décembre 1811, que si la commune n'achète ni ne loue, elle peut exiger un tarif, et que les difficultés qui peuvent s'élever à ce sujet doivent être portées devant les conseils de préfecture, sauf le recours au conseil d'état.

Par une circulaire du 8 avril 1813, le ministre de l'intérieur, en rappelant les principes de la loi de 1790, a fait ressortir l'intérêt qu'avaient les communes à l'exécuter; il a chargé les préfets de déclarer, « que toute perception « de droits dans les Halles, places et marchés, « au profit des particuliers propriétaires de ces « immeubles ou de leurs fermiers, *cesseraient à « compter du jour de la publication de leur ar- « rêté, et que cette perception serait continuée*

« au nom et au profit des communes où ils sont
« situés ; sauf à elles à tenir compte du prix de
« la location ou de la vente desdits immeubles,
« d'après l'estimation qui en serait faite contra-
« dictoirement.

Un sieur Delamarre s'est pourvu au conseil
d'état, tant contre cette circulaire que contre
l'arrêté du préfet de l'Eure, qui s'y était con-
formé.

Le conseil a décidé, 1° que le pourvoi contre
la circulaire du ministre n'était pas recevable,
par les motifs énoncés au mot *Instruction ministérielle*.

2° Que le préfet aurait bien pu prendre des
mesures pour forcer les propriétaires des Halles
à les vendre ou à les louer aux communes, ou
enfin à se soumettre à un tarif; mais qu'il ne
pouvait pas déposséder les propriétaires des
halles sans leur avoir donné une juste et préalable indemnité, conformément à l'article 545
du code civil.

3° Que le mode à suivre pour la fixation de
cette indemnité était réglé par la loi; que si les
parties étaient d'accord sur l'estimation de l'indemnité, le préfet était compétent pour la confirmer, s'il la trouvait juste ; que si au contraire
les parties étaient divisées sur les bases de l'estimation, elles devaient être renvoyées devant

b

le conseil de préfecture. (*Décret du 27 mars 1814, page* 240).

HOSPICES. Le conseil d'état a décidé plusieurs questions importantes relatives aux biens et rentes sur lesquels les fabriques et les Hospices peuvent respectivement prétendre des droits. (*Avis du Conseil d'état du* 30 *avril* 1807, *page* 113).

HYPOTHÈQUES. Les condamnations et les contraintes émanées des administrations dans les cas et pour les matières de leur compétence, emportent Hypothèque de la même manière et aux mêmes conditions que celle de l'autorité judiciaire. (*Avis du Conseil d'état du* 16 *thermidor an XII, publié à la suite de celui du* 24 *mars* 1812, *page* 156).

Par suite de ce principe, il a été décidé,

1° Que les arrêtés des préfets fixant les débets des comptables des communes et des établissements publics, sont exécutoires sur les biens de ces comptables, sans l'intervention des tribunaux. (*Avis du Conseil d'état du* 24 *mars* 1812, *page* 155).

2° Qu'il peut être pris inscription hypothécaire, en vertu des contraintes que l'article 32 de la loi du 22 août 1791 autorise l'administration des douanes à décerner. (*Avis du Conseil d'état du* 29 octobre 1811, *page* 158).

Mais l'acte de remplacement fait par un préfet

ne peut conférer Hypothèque. Les contestations qui s'élèvent sur l'exécution de cet acte administratif, sont de la compétence des tribunaux. (*Décret du* 29 *mai* 1811, *page* 140).

I.

INSTRUCTION MINISTÉRIELLE. Les solutions données par le ministre des finances, en exécution de l'article 63 de la loi du 22 frimaire an VII, à la régie de l'enregistrement et des domaines, sur les difficultés relatives à la perception des impôts indirects, ne doivent être considérées que comme de simples instructions. Elles sont adressées à la régie pour guider les préposés dans le mode de perception, et pour fixer l'incertitude de l'administration sur le sens dans lequel elle doit défendre les dispositions de la loi devant les tribunaux, qui seuls peuvent et doivent statuer selon leur conviction. (17 *janvier* 1814, *page* 179).

Il en est de même des instructions adressées par le ministre de l'intérieur aux préfets, sur l'interprétation des lois administratives.

On n'est pas admis à se pourvoir au Conseil d'état contre les instructions ministérielles ; mais l'on peut attaquer les décisions administratives ou judiciaires qui en ont fait l'application, si ces décisions sont contraires à la loi. (*Décret du* 27 *mars* 1814, *page* 240).

J.

JANTES DE VOITURES. La loi du 7 ventose an
XII, et le décret du 23 juin 1806, en exceptant de l'obligation des roues à Jantes larges les
voitures employées à transporter les récoltes,
n'ont eu en vue que celles destinées au transport des objets récoltés, depuis le lieu où ils
sont recueillis jusqu'à celui où, pour les conserver, le cultivateur les rassemble. Ainsi, cette
exception n'est point applicable aux voitures
employées à transporter des grains et autres
denrées, pour les livrer à la consommation ou
au commerce. (*Décret du 3 mai 1810, pagé* 135).

L.

LISTE CIVILE. Marche à suivre pour l'instruction
des affaires concernant la Liste civile. (*Décret
du 12 juillet 1807, page* 119).

M.

MINES. La loi du 28 juillet 1791, et celle du
21 avril 1810, déclarent propriétaires incom-
mutables tous les anciens concessionnaires de
Mines, et règlent les formalités à remplir pour
les nouvelles concessions.

Trois sociétés de charbonnage du département de Jemmape avaient, de concert, provo-
qué la limitation de leurs concessions. L'ingénieur chargé de ce travail comprit, dans son

rapport, une quatrième société, celle de la Hestre, dont la concession remontait à plus de cinquante ans. Les limites indiquées pour la concession de chacune de ces sociétés, furent adoptées, sur la proposition du conseil des Mines, par quatre décrets rendus le même jour 6 octobre 1810.

La société de la Hestre, qui, sans avoir été entendue ni même appelée, avait été dépouillée d'une partie de sa concession, a demandé le rapport des quatre décrets du 6 octobre 1810, et le renvoi devant les tribunaux sur les questions de propriété qui pourraient s'élever entre elles et les autres sociétés.

Le Conseil d'état a décidé, 1° que l'article 37 du réglement de 1806, qui ouvre la tierce opposition contre les décisions du Conseil rendues en matière contentieuse, ne fixant aucun délai pour se pourvoir, il fallait suivre le délai porté par l'article 29 du même réglement, et se conformer aux formalités qu'il prescrit ; qu'ainsi le délai de trois mois pour se pourvoir par tierce opposition, ne pouvait courir qu'à compter de sa signification faite à personne ou domicile, de la décision du Conseil, par la personne qui veut l'opposer.

2° Que la société de la Hestre était devenue propriétaire incommutable de sa mine de charbon, par l'effet de la loi du 28 juillet 1791, et de celle du 21 avril 1810; qu'ainsi on avait porté atteinte à sa propriété en changeant les limites de sa concession, pour faire passer, à son insu, une partie de son territoire dans les limites des concessions des trois autres sociétés.

3° Que les décrets du 6 octobre 1810 n'avaient été ainsi rendus que parce que le Conseil d'état avait cru que toutes les parties intéressées étaient d'accord sur les changements proposés; mais que le fait contraire étant reconnu, ces décrets devaient être rapportés.

4° Enfin, que si les parties étaient divisées sur la propriété ou la limitation de leurs concessions, elles devaient, d'après les articles 28 et 56 de la loi du 21 avril 1810, se pourvoir devant l'autorité judiciaire. (*Décret du 21 février* 1814, *page* 234).

O.

OFFICIERS PUBLICS. Ils ne peuvent se rendre adjudicataires de biens nationaux dont la vente est faite par leur ministère. (*Décret du 11 avril* 1810, *page* 134).

OPPOSITION. Les décisions du Conseil d'état rendues par défaut sont susceptibles d'opposition; mais elle doit être formée dans le délai fixé par l'article 29 de la loi du 22 juillet 1806. (*Décret du 2 juillet* 1812, *page* 169.)

OPPOSITION (TIERCE). L'article 37 du réglement

du 22 juillet 1807, qui ouvre la tierce opposition contre les décisions du Conseil d'état rendues en matière contentieuse, et auxquelles les parties n'ont été ni entendues ni appelées, ne fixe aucun délai pour se pourvoir; mais l'article 9 du même réglement, voulant que l'opposition aux décisions du Conseil d'état *rendues par défaut* soit formée dans les trois mois à compter du jour où la décision par défaut aura été notifiée, il a été décidé que la tierce opposition devait également avoir lieu dans les trois mois du jour de la notification de la décision attaquée. (21 *février* 1814, *page* 234)

Cette notification doit être faite par huissier. Voir ce qui a été dit au mot *Pourvoi*.

P.

PAVÉ. Le Pavé des rues non grandes routes doit être mis à la charge des propriétaires des maisons qui les bordent, lorsque l'usage l'a ainsi établi, nonobstant les dispositions de l'article 4 de la loi du 11 frimaire an VII. (*Avis du Conseil d'état du 25 mars* 1807, *page* 111).

POURVOI. Le délai de trois mois, pour se pourvoir au Conseil d'état contre une décision administrative qui y ressortit, ne peut courir qu'à compter de la signification qui en a été régulièrement faite par celui qui avait intérêt de procurer à cette décision la *force de la chose jugée*.

Toute autre notification ne saurait faire couvrir la prescription.

En effet, si l'envoi par les autorités supérieures aux autorités inférieures suffit pour rendre exécutoires les actes *purement administratifs*, il n'en est pas de même quand il s'agit d'arrêtés d'un Conseil de préfecture statuant sur une question contentieuse entre le maire et un particulier : dans ce cas, de tels arrêtés sont des jugements, et la prescription ou la force de la chose jugée ne peut être utilement opposée, qu'autant que la partie qui oppose cette exception les a régulièrement signifiées, et dans les délais fixés par les lois et réglements.

La signification doit être faite *à personne ou domicile*, comme cela se pratique pour les jugements des tribunaux, d'après l'article 443 du code de procédure civile.

Il en est de même pour la tierce opposition contre les décisions du Conseil d'état. Voir ce qui a été dit à ce sujet au mot *Mines*. (*Décret du 17 avril 1812, page* 163).

PRÉFETS. La confection des partages des biens indivis entre l'état et les particuliers appartient aux préfets ; mais ils doivent envoyer aux conseils de préfecture tout ce qui devient contentieux, (*Décret du 12 juin* 1813).

Ils sont également chargés d'approuver les arrangements amiables qui se font entre des communes et des particuliers pour la vente ou la location des bâtiments qui étaient destinés à des halles ou marchés, et dont les droits de hallage ont été supprimés sans indemnité par la loi du 28 mars 1790; mais s'il s'élève des difficultés à ce sujet, elles doivent être portées devant le conseil de préfecture. (*Décret du* 27 *mars* 1814).

Les préfets ont aussi le droit d'établir des chemins vicinaux et d'en fixer la largeur, en remplissant les formalités prescrites par la loi du 9 ventose an XIII; toutes les questions de propriété auxquelles l'établissement de ces chemins peut donner lieu doivent être renvoyées devant les tribunaux.

Un arrêté du conseil de préfecture du département de Seine et Marne a été annullé pour avoir classé au nombres des chemins vicinaux ceux qui faisaient l'objet de la contestation.

Un autre arrêté du conseil de préfecture du département de l'Isère a également été annullé pour avoir fixé la largeur du chemin vicinal qui était contesté. (*Deux décrets du même jour* 16 *octobre* 1813, *page* 207).

On ne peut se pourvoir directement au Conseil d'état contre les arrêtés des préfets, que pour cause d'incompétence.

Quant aux arrêtés rendus par les préfets dans leurs attributions, il faut d'abord se pourvoir devant le Ministre de l'intérieur, sauf le recours au Conseil d'état. (*Décret du* 16 *octobre* 1813, *page* 207).

R.

RECEVEUR. Le receveur qui n'a pas exercé envers le percepteur des contributions la surveillance qui lui était prescrite, et qui n'a pas employé en temps utile tous les moyens de poursuites que la loi mettait à sa disposition, est garant envers le trésor public de l'insolvabilité de ce percepteur. (*I.. ..t du* 20 *septembre* 1812. *Voy. au mot* Compt... s.

RÉGLEMENT. Les relations des chambres avec le Roi et entre elles ont été établies par un réglement du 13 août; il fixe la marche à suivre, 1° pour l'ouverture de chaque session; 2° pour les proclamations du Roi portées aux deux chambres; 3° pour la forme des lois proposées par le Roi et pour l'acception des chambres; 4° pour la sanction et la publication des lois; 5° pour la communication des chambres avec le Roi et des chambres entre elles; 6° enfin pour les adresses. (*Réglement du* 13 *août* 1814, *page* 245).

L'ordonnance du Roi du 29 juin 1814, concernant l'organisation du Conseil d'état, porte que les attributions de chaque conseil et comité seront fixées, ainsi que le mode d'y procéder, à la distribution, au rapport et à la décision des affaires. (*Art.* 19).

Il est dit ensuite que jusqu'à ce qu'il en ait été autrement ordonné, on se conformera aux réglements et usages qui étaient obsesvés au dernier comité contentieux. (*Art.* 20).

Il résulte de cette dernière disposition que pour l'instruction et la décision des affaires portées, soit au Conseil d'état, soit aux différents comités, il faut suivre, quant à présent, le décret du 22 juillet 1806, contenant réglement sur les affaires contentieuses. (*Voir ce réglement, page* 91).

RENTES NATIONALES. Les contestations qui s'élèvent sur la féodalité ou la non-féodalité de ces sortes de Rentes, sont du ressort des tribunaux, soit qu'elles aient été transférées, ou qu'elles soient encore entre les mains du Gouvernement.

L'éviction en cette matière ne donne lieu à indemnité de la part du trésor public, envers le porteur du transfert dépossédé pour cause de féodalité, qu'autant qu'il s'est préalablement adressé à l'autorité administrative, aux termes de la loi du 5 novembre 1790. (*Avis du Conseil d'état du* 14 *mars* 1808 *, page* 123).

RÉVISION. Par l'article 32 du décret du 22 juillet 1806, il est défendu aux avocats au Conseil d'état de présenter requête en recours contre une décision contradictoire, si ce n'est dans deux cas : 1° si elle a été rendue sur pièces.

fausses; 2° si la partie a été condamnée, faute
de représenter une pièce décisive qui était retenue par son adversaire.

Toute demande en révision tendrait à renou-
veller l'exercice de l'action anciennement connue sous le nom de proposition d'erreur; action
proscrite par l'article 42 du titre 5 de l'ordonnance de 1667, et par le code de procédure
civile.

Un sieur Schmitz avait demandé la révision
d'un décret contradictoire qui avait prononcé
sur une difficulté relative à une rente de domaines nationaux; mais il a été déclaré non-
recevable dans sa demande. Le décret fait en
outre défenses aux avocats au conseil de signer
à l'avenir de semblables requêtes, sous les
peines portées par les réglements. (*Décret du* 3
octobre 1811, *page* 142).

RIVIERES. Les contraventions aux réglements de
police sur les Rivières non navigables, canaux
et autres petits cours d'eaux, doivent, selon
les dispositions du code civil et les lois existantes, être portées, suivant leur nature, devant
les tribunaux de police municipale ou correctionnelle; et les contestations qui intéressent
les propriétaires, devant les tribunaux civils.
(*Décret du* 12 *avril* 1812, *page* 160).

RECUEIL

DES

ORDONNANCES ET RÉGLEMENTS

DE LOUIS XVIII,

*Sur la Charte constitutionnelle ; sur l'Orga-
nisation et les attributions du Conseil d'état,
et sur la nature des affaires qui doivent être
portées à chacun de ses comités.*

On y a joint des Décisions rendues par le dernier
Conseil d'état, tant sur la compétence des préfets
et des conseils de préfecture, que sur le contentieux de l'administration.

CHARTE CONSTITUTIONNELLE.

Louis, par la grace de Dieu, Roi de France
et de Navarre, à tous ceux qui ces présentes
verront, Salut.

La divine Providence, en nous rappelant
dans nos États après une longue absence,
nous a imposé de grandes obligations. La paix

I

était le premier besoin de nos sujets : nous nous en sommes occupés sans relâche ; et cette paix si nécessaire à la France comme au reste de l'Europe, est siginée. Une Charte constitutionnelle était sollicitée par l'état actuel du royaume ; nous l'avons promise, et nous la publions. Nous avons considéré que, bien que l'autorité toute entière résidât en France dans la personne du Roi, nos prédécesseurs n'avaient point hésité à en modifier l'exercice, suivant la différence des temps ; que c'est ainsi que les communes ont dû leur affranchissement à Louis-le-Gros, la confirmation et l'extension de leurs droits à Saint-Louis et à Philippe-le-Bel ; que l'ordre judiciaire a été établi et développé par les lois de Louis XI, de Henri II et de Charles IX ; enfin, que Louis XIV a réglé presque toutes les parties de l'administration publique par différentes ordonnances dont rien encore n'avait surpassé la sagesse.

Nous avons dû, à l'exemple des Rois nos prédécesseurs, apprécier les effets des progrès toujours croissants des lumières, les rapports nouveaux que ces progrès ont introduits dans la société, la direction imprimée aux esprits depuis un demi-siècle, et les graves altérations qui en sont résultées : nous avons reconnu que le vœu de nos sujets pour une charte constitutionnelle était l'expression d'un besoin réel ; mais en cédant à ce vœu, nous avons pris toutes les précautions pour que cette charte fût digne de nous et du peuple auquel nous sommes fiers de commander. Des hommes sages, pris dans les premiers corps de l'État, se sont réunis à des commissaires de notre Conseil, pour travailler à cet important ouvrage.

En même temps que nous reconnaissions qu'une constitution libre et monarchique devait remplir l'attente de l'Europe éclairée, nous avons dû nous souvenir aussi que notre premier devoir envers nos peuples était de conserver, pour leur propre intérêt, les droits et les prérogatives de notre couronne. Nous avons espéré qu'instruits par l'expérience, ils seraient convaincus que l'autorité suprême peut seule donner aux institutions qu'elle éta-

blit, la force, la permanence et la majesté
dont elle est elle-même revêtue ; qu'ainsi,
lorsque la sagesse des rois s'accorde librément
avec le vœu des peuples, une charte constitutionnelle peut être de longue durée ; mais
que, quand la violence arrache des concessions à la faiblesse du Gouvernement, la
liberté publique n'est pas moins en danger
que le trône même. Nous avons enfin cherché
les principes de la charte constitutionnelle
dans le caractère français, et dans les monu-
ments vénérables des siècles passés. Ainsi,
nous avons vu dans le renouvellement de la
pairie une institution vraiment nationale, et
qui doit lier tous les souvenirs à toutes les
espérances, en réunissant les temps anciens
et les temps modernes.

Nous avons remplacé, par la chambre des
députés, ces assemblées des Champs de Mars
et de Mai, et ces chambres du tiers-état, qui
ont si souvent donné tout-à-la-fois des preuves
de zèle pour les intérêts du peuple, de fidélité
et de respect pour l'autorité des rois. En
cherchant ainsi à renouer la chaîne des temps,

que de funestes écarts avaient interrompue, nous avons effacé de notre souvenir, comme nous voudrions qu'on pût les effacer de l'histoire, tous les maux qui ont affligé la patrie durant notre absence. Heureux de nous retrouver au sein de la grande famille, nous n'avons su répondre à l'amour dont nous recevons tant de témoignages, qu'en prononçant des paroles de paix et de consolation. Le vœu le plus cher à notre cœur, c'est que tous les Français vivent en frères, et que jamais aucun souvenir amer ne trouble la sécurité qui doit suivre l'acte solennel que nous leur accordons aujourd'hui.

Sûrs de nos intentions, forts de notre conscience, nous nous engageons, devant l'assemblée qui nous écoute, à être fidèles à cette charte constitutionnelle, nous réservant d'en jurer le maintien, avec une nouvelle solennité, devant les autels de celui qui pèse dans la même balance les rois et les nations.

A CES CAUSES,

Nous AVONS volontairement, et par le libre exercice de notre autorité royale, ACCORDÉ

ET ACCORDONS, FAIT CONCESSION ET OCTROI à
nos sujets, tant pour nous que pour nos successeurs, et à toujours de la Charte constitutionnelle qui suit :

Droit public des Français.

ART. 1er. Les Français sont égaux devant
la loi, quels que soient d'ailleurs leurs titres
et leurs rangs.

2. Ils contribuent indistement, dans la
proportion de leur fortune, aux charges de
l'État.

3. Ils sont tous également admissibles aux
emplois civils et militaires.

4. Leur liberté individuelle est également
garantie, personne ne pouvant être poursuivi
ni arrêté que dans les cas prévus par la loi,
et dans la forme qu'elle prescrit.

5. Chacun professe sa religion avec une
égale liberté, et obtient pour son culte la
même protection.

6. Cependant la religion catholique, apostolique et romaine, est la religion de l'État.

7. Les ministres de la religion catholique,

apostolique et romaine, et ceux des autres cultes chrétiens, reçoivent seuls des traitements du trésor royal.

8. Les Français ont le droit de publier et de faire imprimer leurs opinions, en se conformant aux lois qui doivent réprimer les abus de cette liberté.

9. Toutes les propriétés sont inviolables, sans aucune exception de celles qu'on appelle *nationales*, la loi ne mettant aucune différence entre elles.

10. L'État peut exiger le sacrifice d'une propriété, pour cause d'intérêt public légalement constaté, mais avec une indemnité préalable.

11. Toutes recherches des opinions et votes émis jusqu'à la restauration, sont interdites. Le même oubli est commandé aux tribunaux et aux citoyens.

12. La conscription est abolie. Le mode de recrutement de l'armée de terre et de mer est déterminé par une loi.

Formes du Gouvernement du Roi.

13. La personne du Roi est inviolable et sacrée. Ses ministres sont responsables. Au Roi seul appartient la puissance exécutive.

14. Le Roi est le chef suprême de l'État, commande les forces de terre et de mer, déclare la guerre, fait les traités do paix, d'alliance et de commerce, nomme à tous les emplois d'administration publique, et fait les réglements et ordonnances nécessaires pour l'exécution des lois et la sûreté de l'État.

15. La puissance législative s'exerce collectivement par le Roi, la chambre des pairs, et la chambre des députés des départements.

16. Le Roi propose la loi.

17. La proposition de la loi est portée, au gré du Roi, à la chambre des pairs ou à celle des députés, excepté la loi de l'impôt, qui doit être adressée d'abord à la chambre des députés.

18. Toute loi doit être discutée et votée librement par la majorité de chacune des deux chambres.

19. Les chambres ont la faculté de supplier le Roi de proposer une loi sur quelque objet que ce soit, et d'indiquer ce qu'il leur paraît convenable que la loi contienne.

20. Cette demande pourra être faite par chacune des deux chambres, mais après avoir été discutée en comité secret : elle ne sera envoyée à l'autre chambre par celle qui l'aura proposée, qu'après un délai de dix jours.

21. Si la proposition est adoptée par l'autre chambre, elle sera mise sous les yeux du Roi; si elle est rejetée, elle ne pourra être représentée dans la même session.

22. Le Roi seul sanctionne et promulgue les lois.

23. La liste civile est fixée pour toute la durée du règne, par la première législature assemblée depuis l'avénement du Roi.

De la Chambre des Pairs.

24. La chambre des pairs est une portion essentielle de la puissance législative.

25. Elle est convoquée par le Roi en même

temps que la chambre des députés des départements. La session de l'une commence et finit en même temps que celle de l'autre.

26. Toute assemblée de la chambre des pairs qui serait tenue hors du temps de la session de la chambre des députés, ou qui ne serait pas ordonnée par le Roi, est illicite et nulle de plein droit.

27. La nomination des pairs de France appartient au Roi. Leur nombre est illimité : il peut en varier les dignités, les nommer à vie ou les rendre héréditaires, selon sa volonté.

28. Les pairs ont entrée dans la chambre à vingt-cinq ans, et voix délibérative à trente ans seulement.

29. La chambre des pairs est présidée par le chancelier de France, et, en son absence, par un pair nommé par le Roi.

30. Les membres de la famille royale et les princes du sang sont pairs par le droit de leur naissance. Ils siégent immédiatement après le président ; mais ils n'ont voix délibérative qu'à vingt-cinq ans.

31. Les princes ne peuvent prendre séance

à la chambre que de l'ordre du Roi, exprimé pour chaque session par un message, à peine de nullité de tout ce qui áurait été fait en leur présence.

32. Toutes les délibérations de la chambre des pairs sont secrètes.

33. La chambre des pairs connaît des crimes de haute trahison et des attentats à la sûreté de l'État, qui seront définis par la loi.

34. Aucun pair ne peut être arrêté que de l'autorité de la chambre, et jugé que par elle en matière criminelle.

De la Chambre des Députés des départements.

35. La chambre des députés sera composée des députés élus par les colléges électoraux dont l'organisation sera déterminée par des lois.

36. Chaque département aura le même nombre de députés qu'il a eu jusqu'à présent.

37. Les députés seront élus pour cinq ans, et de manière que la chambre soit renouvelée chaque année par cinquième.

38. Aucun député ne peut être admis dans la chambre s'il n'est âgé de quarante ans, et s'il ne paie une contribution directe de mille francs.

39. Si néanmoins il ne se trouvait pas dans le département cinquante personnes de l'âge indiqué, payant au moins mille frans de contributions directes, leur nombre sera complété par les plus imposés au-dessous de mille francs, et ceux-ci pourront être élus concurremment avec les premiers.

40. Les électeurs qui concourent à la nomination des députés, ne peuvent avoir droit de suffrages s'ils ne paient une contribution directe de trois cents francs, et s'ils ont moins de trente ans.

41. Les présidens des colléges électoraux seront nommés par le Roi, et de droit membres du collége.

42. La moitié au moins des députés sera choisie parmi des éligibles qui ont leur domicile politique dans le département.

43. Le président de la chambre des députés est nommé par le Roi, sur une liste de cinq membres présentée par la chambre.

44. Les séances de la chambre sont publiques; mais la demande de cinq membres suffit pour qu'elle se forme en comité secret.

45. La chambre se partage en bureaux pour discuter les projets qui lui ont été présentés de la part du Roi.

46. Aucun amendement ne peut être fait à une loi, s'il n'a été proposé ou consenti par le Roi, et s'il n'a été renvoyé et discuté dans les bureaux.

47. La chambre des députés reçoit toutes les propositions d'impôts; ce n'est qu'après que ces propositions ont été admises, qu'elles peuvent être portées à la chambre des pairs.

48. Aucun impôt ne peut être établi ni perçu, s'il n'a été consenti par les deux chambres et sanctionné par le Roi.

49. L'impôt foncier n'est consenti que pour un an. Les impositions indirectes peuvent l'être pour plusieurs années.

50. Le Roi convoque chaque année les deux chambres : il les proroge, et peut dissoudre celle des députés des départements; mais, dans ce cas, il doit en convoquer une nouvelle dans le délai de trois mois.

51. Aucune contrainte par corps ne peut être exercée contre un membre de la chambre, durant la session, et dans les six semaines qui l'auront précédée ou suivie.

52. Aucun membre de la chambre ne peut, pendant la durée de la session, être poursuivi ni arrêté en matière criminelle, sauf le cas de flagrant délit, qu'après que la chambre a permis sa poursuite.

53. Toute pétition à l'une ou à l'autre des chambres ne peut être faite et présentée que par écrit. La loi interdit d'en apporter en personne et à la barre.

Des Ministres.

54. Les ministres ne peuvent être membres de la chambre des pairs ou de la chambre des députés. Ils ont en outre leur entrée dans l'une ou l'autre chambre, et doivent être entendus quand ils le demandent.

55. La chambre des députés a le droit d'accuser les ministres, et de les traduire devant la chambre des pairs, qui seule a celui de les juger.

56. Ils ne peuvent être accusés que pour fait de trahison ou de concussion. Des lois particulières spécifieront cette nature de délits, et en détermineront la poursuite.

De l'Ordre judiciaire.

57. Toute justice émane du Roi. Elle s'administre en son nom par des juges qu'il nomme et qu'il institue.

58. Les juges nommés par le Roi sont inamovibles.

59. Les cours et tribunaux ordinaires actuellement existants sont maintenus. Il n'y sera rien changé qu'en vertu d'une loi.

60. L'institution actuelle des juges de commerce est conservée.

61. La justice de paix est également conservée. Les juges de paix, quoique nommés par le Roi, ne sont point inamovibles.

62. Nul ne pourra être distrait de ses juges naturels.

63. Il ne pourra en conséquence être créé de commissions et tribunaux extraordinaires. Ne sont pas comprises sous cette dénomina-

tion les juridictions prévôtales, si leur réta-
blissement est jugé nécessaire.

64. Les débats seront publics en matière
criminelle, à moins que cette publicité ne
soit dangereuse pour l'ordre et les mœurs ;
et, dans ce cas, le tribunal le déclare par
un jugement.

65. L'institution des jurés est conservée.
Les changements qu'une plus longue expérience ferait juger nécessaires, ne peuvent
être effectués que par une loi.

66. La peine de la confiscation des biens
est abolie, et ne pourra pas être rétablie.

67. Le Roi a le droit de faire grace, et
celui de commuer les peines.

68. Le Code civil et les lois actuellement
existantes qui ne sont pas contraires à la
présente Charte, restent en vigueur jusqu'à
ce qu'il y soit légalement dérogé.

Droits particuliers garantis par l'État.

69. Les militaires en activité de service,
les officiers et soldats en retraite, les veuves,
les officiers et soldats pensionnés, conser-

veront leurs grades, honneurs et pensions.

70. La dette publique est garantie. Toute espèce d'engagement pris par l'État avec ses créanciers, est inviolable.

71. La noblesse ancienne reprend ses titres. La nouvelle conserve les siens. Le Roi fait des nobles à volonté ; mais il ne leur accorde que des rangs et des honneurs, sans aucune exemption des charges et des devoirs de la société.

72. La Légion d'honneur est maintenue. Le Roi déterminera les réglements intérieurs et la décoration.

73. Les colonies seront régies par des lois et des réglements particuliers.

74. Le Roi et ses successeurs jureront, dans la solennité de leur sacre, d'observer fidèlement la présente Charte constitutionnelle.

Articles transitoires.

75. Les députés dés départements de France qui siégeaient au corps législatif lors du dernier ajournement, continueront de

siéger à la chambre des députés, jusqu'à remplacement.

76. Le premier renouvellement d'un cinquième de la chambre des députés aura lieu au plus tard en l'année 1816, suivant l'ordre établi entre les séries.

Nous ORDONNONS que la présente Charte constitutionnelle, mise sous les yeux du Sénat et du Corps législatif, conformément à notre proclamation du 2 mai, sera envoyée incontinent à la Chambre des Pairs et à celle des Députés.

Donné à Paris, l'an de grace 1814, et de notre règne le dix-neuvième.

Signé LOUIS.

Et plus bas :

Visa :

Le chancelier
de France,
Signé DAMBRAY.

Le Ministre secrétaire d'état,
Signé
L'ABBÉ DE MONTESQUIOU.

Ordonnance du Roi relative aux Étrangers et à leur naturalisation.

A Paris, le 4 juin 1814.

LOUIS, par la grace de Dieu, Roi DE FRANCE ET DE NAVARRE, à tout ceux qui ces présentes verront, SALUT.

Nous nous sommes fait représenter les ordonnances des Rois nos prédécesseurs, relatives aux étrangers, notamment celles de 1386, de 1431, et celle de Blois, art. 4, et nous avons reconnu, que par de graves considérations, et à la demande des états généraux, ces ordonnances ont déclaré les étrangers incapables de posséder des offices ou bénéfices, ni même de remplir aucune fonction publique en France.

Nous n'avons pas cru devoir reproduire toute la sévérité de ces ordonnances ; mais nous avons considéré que dans un moment où nous appelons nos sujets au partage de la puissance législative, il importe sur-tout de ne voir siéger dans les chambres que les hommes dont la naissance garantit l'affection au souverain et aux lois de l'État, et qui aient été élevés, dès le berceau, dans l'amour de la patrie.

Nous avons donc cru convenable d'appliquer les anciennes prohibitions aux fonctions de députés dans les deux chambres, et de nous réserver le privilége d'accorder des lettres de naturalisation, de manière que nous puissions toujours, pour de grands et importants services, élever un étranger à la plénitude de la qualité de citoyen français; enfin nous avons voulu que cette récompense, l'une des plus hautes que nous puissions décerner, acquît un degré de solennité qui en relevât encore le prix.

A ces causes,

Nous avons ordonné et ordonnons ce qui suit :

Art 1ᵉʳ. Conformément aux anciennes constitutions françaises, aucun étranger ne pourra siéger, à compter de ce jour, ni dans la chambre des pairs, ni dans celle des députés, à moins que par d'importants services rendus à l'État, il n'ait obtenu de nous des lettres de naturalisation vérifiées par les deux chambres.

2. Les dispositions du Code civil, relatives aux étrangers et à leur naturalisation, n'en restent pas moins en vigueur, et seront exécutées selon leur forme et teneur.

Donnons en mandement à nos Cours, Tribunaux, Préfets et Corps administratifs, que ces présentes ils aient à faire lire, publier et registrer par-tout où besoin sera, et à nos Procureurs généraux et Préfets de tenir la main à leur exécution, et d'en certifier leurs Ministres respectifs.

Donné à Paris, le 4 juin, l'an de grace 1814.

Signé LOUIS.

Par le Roi :

Le Ministre secrétaire d'état de l'intérieur,
Signé L'ABBÉ DE MONTESQUIOU.

Ordonnance du Roi qui réunit au Domaine de la Couronne, la dotation actuelle du Sénat et des Sénatoreries, et porte que les membres du Sénat, nés Français, conserveront une pension annuelle de trente-six mille francs.

A Paris, le 4 juin 1814.

LOUIS, par la grace de Dieu, Roi de France et de Navarre, à tous ceux qui ces présentes verront, salut.

Nous nous sommes fait représenter l'état des services rendus par les membres qui composaient le Sénat, et nous avons reconnu qu'indépendamment de ce qu'a fait le corps entier dans ces derniers temps, et pour hâter notre retour dans nos États, la plupart de ses membres n'avaient été élevés à la dignité de sénateurs qu'à titre de retraite et pour des services distingués, rendus dans la carrière civile et militaire. Nous n'entendons pas qu'aucun d'eux perde la récompense de ses travaux, et nous avons résolu de leur garantir indistinctement, à titre de pension et leur vie durant, le traitement dont ils jouissent aujourd'hui. Notre sollicitude s'est étendue jusque sur leurs veuves, afin que l'avenir ne soit, pour ceux qui ont peu de fortune, le sujet d'aucune inquiétude, et que tous ressentent complètement les effets de notre bienveillance royale.

A CES CAUSES,

Nous avons déclaré et déclarons, ordonné et ordonnons ce qui suit :

ART. 1er. La dotation actuelle du Sénat et des sénatoreries est réunie au domaine de la couronne : elle y demeurera incorporée, quoique distincte, après en avoir distrait les propriétés particulières, acquises par voie de confiscation, lesquelles seront rendues aux anciens propriétaires dans l'état où elles se trouvent, et sans aucune espèce de restitution de fruits.

2. Les membres du Sénat, nés Français, conserveront une pension annuelle de 36,000 francs, et leurs veuves une pension de 6,000

francs, après toutefois, à l'égard des veuves, que nous aurons reconnu que cette pension leur est nécessaire pour soutenir leur état.

3. Les revenus provenant de la dotation actuelle du Sénat sont particulièrement affectés aux pensions ci-dessus accordées, à l'acquittement ou à l'achèvement des travaux du Luxembourg, à tout ce qui pourrait être dû aux différents individus employés près le Sénat jusqu'à ce jour, ainsi qu'à leurs traitements ou retraites.

4. Au fur et à mesure de la mort de chaque membre du Sénat, la portion du traitement qui lui était assignée sera définitivement réunie au domaine de la couronne, et confondue avec ce domaine : dès à présent les fonds provenant de la dotation du Sénat seront régis et administrés comme faisant partie de nos domaines.

Donnons en mandement à nos Cours, Tribunaux, Préfets et corps administratifs, que ces présentes ils aient à faire lire, publier et registrer par-tout où besoin sera, et à nos Procureurs généraux et Préfets de tenir la main à leur exécution, et d'en certifier leurs Ministres respectifs.

Donné à Paris, le 4 juin, l'an de grace 1814.

Signé LOUIS.

Par le Roi :

Le Ministre Secrétaire d'état de l'intérieur,

Signé L'ABBÉ DE MONTESQUIOU.

~~~~~~~~~~~~~~~

Ordonnance du Roi qui affecte à la Chambre des Pairs de France le palais du Luxembourg, et contient plusieurs dispositions relatives à cette Chambre.

A Paris, le 4 juin 1814.

LOUIS, par la grace de Dieu, ROI DE FRANCE ET DE NAVARRE, à tous ceux qui ces présentes verront, SALUT.

Voulant pourvoir à ce que la chambre des pairs de France soit environnée, dès son entrée en fonctions, de tout ce qui peut annoncer à nos sujets la hauteur de sa destination,

2

Nous avons déclaré et déclarons, ordonné et ordonnons ce qui suit :

Art. 1er. Le palais du Luxembourg, et ses dépendances telles qu'elles seront par nous désignées, sont affectés à la chambre des pairs, tant pour y tenir ses séances, y déposer ses archives, que pour le logement des officiers, ainsi que le tout sera par nous réglé et établi.

2. La garde du palais de la chambre des pairs, celle de ses archives, le service de ses messagers d'état et huissiers, sont sous la direction d'un pair de France choisi par nous, sous la dénomination de *grand Référendaire de la chambre des pairs.*

3. Il résidera au palais, et ne pourra s'en absenter sans notre permission expresse, transmise par le chancelier de France.

4. Le grand référendaire de la chambre des pairs transmettra à ses membres les lettres de convocation, d'après nos ordres contresignés par l'un de nos secrétaires d'état, et visés par le chancelier de France.

5. Il apposera le sceau de la chambre à

tous les actes émanés d'elle, et aux expéditions de ceux déposés dans les archives.

6. Ses fonctions seront révocables à notre volonté.

7. Conformément à l'article 29 de la Charte constitutionnelle, le comte *Barthélemy* est nommé vice-président de la chambre des pairs, pour en exercer les fonctions jusqu'à ce qu'il ait été par nous autrement dit et ordonné.

8. Conformément à la présente déclaration, le comte *de Sémonville* est nommé grand référendaire de la chambre des pairs.

Donnons en mandement à nos Cours, Tribunaux, Préfets et corps administratifs, que ces présentes ils aient à faire lire, publier et registrer par-tout où besoin sera, et à nos Procureurs généraux et Préfets de tenir la main à leur exécution, et d'en certifier leurs Ministres respectifs.

Donné à Paris, le 4 juin, l'an de grace 1814.
Signé LOUIS.

Par le Roi :
Le Ministre Secrétaire d'état de l'intérieur,
Signé L'ABBÉ DE MONTESQUIOU.

Ordonnance du Roi qui affecte provisoirement à la Chambre des Députés des départements une portion du palais Bourbon, et contient d'autres dispositions relatives à cette chambre.

A Paris, le 4 juin 1814.

LOUIS, par la grace de Dieu, Roi de France et de Navarre, à tous ceux qui ces présentes verront, salut.

Nous avons déterminé de faire jouir le plus promptement possible nos sujets des bienfaits de la Charte constitutionnelle que nous avons accordée, et nous avons en conséquence ordonné que la session des deux chambres, pour la présente année, commencerait dès le 4 de ce mois. Nous avons pourvu, par notre déclaration de ce jour, à ce qui était nécessaire pour que la chambre des pairs pût remplir ses hautes et importantes fonctions. La chambre des députés ne se recommande pas moins à nos yeux par son utilité et l'avantage qu'elle a d'être encore plus rapprochée des besoins de nos sujets, et nous avons cru devoir lui exprimer le même degré d'intérêt et de sollicitude.

A CES CAUSES,

NOUS AVONS DÉCLARÉ et DÉCLARONS, ORDONNÉ et ORDONNONS ce qui suit :

ART. 1er. Le traitement dont les anciens députés au Corps législatif, nés Français, ont joui jusqu'à présent en cette qualité, leur sera continué pendant le temps qui reste à écouler de leurs fonctions à la chambre des députés.

2. La portion du palais Bourbon, ci-devant occupée par la salles des séances du Corps législatif, ainsi que les dépendances attachées à son service, restent provisoirement affectées à la chambre des députés, de la manière qui sera déterminée par nous de concert avec notre cousin le prince de Condé.

3. La garde du palais de la chambre des députés, celle de ses archives, le service de ses messagers d'état et huissiers, seront confiés à deux membres de ladite chambre sous la dénomination de questeurs, lesquels seront

choisis par nous sur la présentation de cinq candidats faite par la chambre.

4. Les questeurs résideront au palais, et ne pourront s'absenter sans notre permission expresse, transmise par le chancelier de France.

5. Les questeurs transmettront aux députés les lettres de convocation, d'après nos ordres contre-signés par l'un de nos secrétaires d'état, et visés par le chancelier de France.

6. Leurs fonctions seront révocables à notre volonté : elles finiront de droit avec la fonction de député.

Donnons en mandement à nos Cours, Tribunaux, Préfets et corps administratifs, que ces présentes ils aient à faire lire, publier et registrer, par-tout où besoin sera, et à nos Procureurs généraux et Préfets de tenir la main à leur exécution, et d'en certifier leurs Ministres respectifs.

Donné à Paris, le 4 juin, l'an de grace 1814.

Signé LOUIS.

Par le Roi :

Le Ministre Secrétaire d'état de l'intérieur,

Signé L'Abbé de Montesquiou.

....

Ordonnance du Roi concernant l'Organisation du Conseil d'état.

An château des Tuileries, le 29 juin 1814.

LOUIS, par la grace de Dieu, Roi de France et de Navarre, à tous ceux qui ces présentes verront, salut.

Notre intention étant de compléter incessamment l'organisation de notre Conseil, nous nous sommes fait représenter les réglemens faits par les Rois nos prédécesseurs sur cette matière, et nous avons reconnu qu'il serait difficile d'arriver à un meilleur système ; que néanmoins il y aurait de l'avantage à le simplier, et qu'on ne peut se dispenser de le mettre en harmonie avec les changemens survenus dans la forme du gouvernement et dans les habitudes de nos peuples.

A ces causes, nous avons ordonné et ordonnons ce qui suit :

TITRE Ier.

Des Personnes qui composent notre Conseil.

Art. 1er. Notre Conseil sera composé,

Des princes de notre famille ;

Du chancelier de France ;

Des ministres secrétaires d'état ;

Des ministres d'état ;

Des conseillers d'état ;

Des maîtres des requêtes.

2. Le nombre des conseillers d'état en service ordinaire est, quant à présent, limité à vingt-cinq, sans compter ceux en service extraordinaire et les conseillers d'état honoraires.

Nous nous réservons aussi de créer des conseillers d'état d'église et d'épée.

3. Le nombre des maîtres des requêtes ordinaires n'excédera pas, quant à présent, cinquante. Il y aura, en outre, des maîtres des requêtes surnuméraires et des honoraires.

4. Les conseillers d'état ordinaires et les

maîtres des requêtes, lorsqu'ils font des rapports, auront seuls voix délibérative dans les conseils auxquels ils seront attachés.

Les maîtres des requêtes feront l'instruction et les rapports, à moins que, par des considérations particulières, le chancelier ou le secrétaire d'état de la partie ne juge à propos d'en charger des conseillers d'état.

Les uns et les autres pourront faire le service dans plusieurs conseils et comités.

TITRE II.

Du Service dans notre Conseil.

5. Pour l'ordre du service, les membres de notre conseil seront classés et distribués ainsi qu'il suit :

Le Conseil d'en-haut ou des ministres, actuellement existant ;

Le Conseil privé ou des parties, qui prendra le titre de *Conseil d'état.*

Il y aura en outre,

1° Un comité de législation ;

2° Un comité contentieux ;

3.

3° Un comité de l'intérieur ;

4° Un comité des finances ;

5° Un comité du commerce.

Ces comités seront placés auprès du chancelier et des ministres secrétaires d'état des départements auxquels ils se rattachent.

6. Le Conseil d'en-haut ou des ministres sera composé des princes de notre famille, de notre chancelier, et de ceux de nos ministres secrétaires d'état, de nos ministres d'état, et des conseillers d'état qu'il nous plaira de faire appeler pour chaque séance.

7. Le Conseil d'en-haut ou des ministres délibérera en notre présence sur les matières de haute administration, sur la législation administrative, sur tout ce qui tient à la police générale, à la sûreté du trône et du royaume, et au maintien de l'autorité royale.

Nous pourrons y évoquer les affaires du contentieux de l'administration qui se lieraient à des vues d'intérêt général.

Les projets de loi, et généralement toutes les affaires qui devront être soumises à notre approbation, et qui ne l'auraient pas reçue dans le Conseil d'état, nous seront présentés dans ce Conseil, ou soumis directement, suivant que nous le jugerons convenable.

8. Le Conseil d'état sera composé de nos ministres secrétaires d'état, de tous les conseillers d'état et maîtres des requêtes ordinaires.

Il examinera les projets de loi et réglement qui auront été préparés dans les divers comités.

Chacun des ministres y rapportera ou y fera rapporter par un conseiller d'état ou un maître des requêtes qu'il aura choisi, les projets de réglement et de jugement qui auront été convenus au comité contentieux et autres comités, pour y être définitivement arrêtés.

Il vérifiera et enregistrera les bulles et actes du Saint-Siége, ainsi que les actes des autres communions et cultes.

Il connaîtra des appels comme d'abus.

Quand nous ne jugerons pas à propos de faire délibérer ce Conseil en notre présence, il sera présidé par notre chancelier, et, en son absence, par celui de nos ministres que nous aurons nommé.

Ce Conseil aura un secrétaire qui tiendra registre des délibérations, gardera les papiers et minutes, suivra la correspondance, en délivrera tous extraits, copies ou expéditions.

9. Le comité contentieux connaîtra de tout le contentieux de l'administration de tous les départements, des mises en jugement des administrateurs et préposés, des conflits.

Ses avis seront rédigés en forme d'arrêts ou de jugements, qui ne seront définitivement arrêtés qu'après avoir été rapportés et délibérés dans notre Conseil d'état, ou après avoir reçu notre sanction directe.

Il sera tenu registre des délibérations de ce comité, qui aura en conséquence un secrétaire-greffier qui gardera les papiers et minutes, et recevra directement des diverses administrations ou des parties les affaires qui seront de la compétence du comité.

Il sera composé de six conseillers d'état et de douze maîtres des requêtes ordinaires.

Il sera présidé par notre chancelier, et, en son absence, par un conseiller d'état vice-président : il pourra être divisé en deux bureaux.

10. Le comité de législation préparera tous les projets de loi et de réglement sur toutes matières civiles, criminelles et ecclésiastiques, lesquels projets devront ensuite être délibérés en Conseil d'état avant de nous être définitivement soumis.

Ce comité sera composé de six conseillers d'état et de douze maîtres des requêtes ; il sera présidé par notre chancelier, ou, en son absence, par un ministre d'état que nous aurons nommé. Notre chancelier pourra le diviser en deux bureaux.

Il aura un commis-greffier.

11. Le comité des finances, de l'intérieur et du commerce, d'après les ordres et sous la présidence des ministres secrétaires d'état auxquels ils sont respectivement attachés, prépareront les projets de loi, de réglement, et tous autres relatifs aux matières comprises dans leurs attributions.

Ils proposeront, en forme d'arrêts, des jugements sur les affaires d'intérêt local ou individuel de leurs départements respectifs, autres que les affaires contentieuses, lesquels arrêts ne seront définitifs qu'après nous avoir été soumis en Conseil d'état, ou dans un travail particulier, par le ministre de la partie.

12. Le comité des finances sera composé de cinq conseillers d'état et de dix maîtres des requêtes ; le comité de l'intérieur, de cinq conseillers d'état et de dix maîtres des requêtes ; le comité du commerce et des manufactures, de quatre conseillers d'état et de six maîtres des requêtes.

Des marchands, négociants, manufacturiers des principales villes de commerce, pourront y être appelés par le ministre de cette partie ; et, dans ce cas, ils y auront séance et voix consultative.

Dans les affaires qui exigeraient la réunion de plusieurs comités, elle pourra être ordonnée par le chancelier, sur la demande des ministres.

13. Les directeurs généraux des diverses administrations, que nous nommerons conseillers d'état en service extraordinaire, pourront, sur la demande de chaque ministre, assister en plus, et avec voix délibérative,

aux divers conseils et comités attachés au département duquel ils dépendent : ils pourront même y présenter des rapports et projets de réglement.

S'ils venaient à quitter les directions générales dont ils sont chargés, ils deviendraient de droit conseillers d'état ordinaires, prendraient leur rang au Conseil, du jour de leur nomination comme conseillers d'état, et jouiraient des honneurs et traitements attachés à ce titre.

14. Le chancelier de France pourra également nous présenter, pour être attachés aux différents conseils et bureaux, jusqu'à concurrence de six des conseillers d'état, et de douze des maîtres des requêtes, auxquels nous aurons conféré le titre d'honoraires ou de surnuméraires.

TITRE III.

Traitements.

15. Les conseillers d'état et maîtres des requêtes en service ordinaire, nommés par nous, reçoivent seuls des traitements fixes.

Les Conseillers d'état du dernier Conseil qui avaient été nommés conseillers d'état à vie, conserveront cependant, avec le titre de conseiller d'état honoraire, une pension de retraite égale au tiers de celui qui sera ci-après fixé pour nos conseillers d'état ordinaires.

16. Le traitement fixe des conseillers d'état est provisoirement fixé à douze mille francs.

Celui attaché à chacun des comités dont ils peuvent être membres, est de quatre mille francs : ce traitement seul pourra être accordé à ceux des conseillers d'état honoraires qui seraient appelés aux conseils et comités.

17. Le traitement fixe des maîtres des requêtes ordinaires sera de quatre mille francs, et, en outre, de deux mille francs par chaque conseil ou comité où ils exerceront leurs fonctions ; lequel traitement de deux mille francs pourra aussi être attribué aux maîtres des requêtes honoraires ou surnuméraires qui seront attachés auxdits conseils et comités.

18. Le traitement du secrétaire du Conseil d'état est de quinze mille francs ; du secrétaire-greffier du comité contentieux, de dix

mille francs; des commis-greffiers des autres comités, de cinq mille francs.

19. Les attributions de chaque conseil et comité seront fixées par un réglement particulier, ainsi que le mode d'y procéder à la distribution, au rapport et à la décision des affaires.

20. Jusqu'à ce qu'il en ait été autrement ordonné, on se conformera aux réglements et usages qui étaient observés au dernier comité contentieux.

21. Il y aura, auprès de nos Conseils, des avocats, sous le titre d'avocats aux Conseils du Roi, qui seront chargés de l'instruction et de la défense dans les affaires portées en ces Conseils, qui en seront susceptibles. Leur nombre sera ultérieurement déterminé.

Donné au château des Thuileries, le 29 Juin 1814.

Signé LOUIS.

Par le Roi:

Le Chancelier de France, signé DAMBRAY.

~~~~~~~~~~~~

Ordonnance du Roi portant Nomination des membres du Conseil d'état.

Au château des Tuileries, le 5 Juillet 1814.

LOUIS, par la grâce de Dieu, ROI DE FRANCE ET DE NAVARRE, à tous ceux qui ces présentes verront, SALUT.

Sur le rapport de notre amé et féal chevalier chancelier de France, le sieur *Dambray*,

NOUS AVONS NOMMÉ ET NOMMONS,

1° *Conseillers d'état ordinaires,*

LES SIEURS

Beugnot, directeur de la police générale ;

Berenger, directeur général des contributions ;

Henrion de Pansey, président en la cour de cassation, et conseiller au dernier Conseil d'état ;

. *De la Malle*, conseiller de l'université et au dernier Conseil d'état ;

Faure, conseiller au dernier Conseil d'état ;

Begouen, idem ;

Corvetto, conseiller au dernier Conseiller d'état, en obtenant nos lettres de naturalisation ;

Français (de Nantes), conseiller au dernier Conseil d'état ;

Pelet (de la Lozère), idem ;

De Gerando, idem ;

De Colonia, ancien maître des requêtes de l'hôtel ;

La Bourdonnaye de Blossac, ex-intendant de Soissons ;

De Balainvilliers, ancien intendant de Languedoc ;

Lambert l'aîné, ancien maître des requêtes de l'hôtel ;

Laporte-Lalanne, idem ;

Dupont (de Nemours), secrétaire du Gouvernement provisoire ;

Anglès, commissaire du Gouvernement provisoire à la police générale ;

Doutremont, ancien conseiller au parlement de Paris ;

De Malcors, ancien conseiller au parlement de Toulouse ;

Dupont, conseiller au parlement de Paris, président à la cour d'Orléans ;

Cuvier, maître des requêtes au dernier Conseil d'état ;

Jourdan (des Bouches-du-Rhône), ex-préfet à Luxembourg ;

Chabrol, ex-intendant général en Illyrie ;

Dubourblanc, ancien avocat général au parlement de Rennes ;

Fumeron de Verrières, ancien maître des requêtes de l'hôtel ;

2° *Conseillers d'état en service extraordinaire*,

Les sieurs

Pasquier, directeur général des ponts-et-chaussées ;

Duchâtel, directeur général des domaines ;

Bergon, directeur général des forêts ;

Laumond, directeur général des mines ;

Royer-Colard, directeur général de la librairie ;

Becquey, directeur général du commerce ;

Benoit, directeur de correspondance au département de l'intérieur ;

Laforest, commissaire du Gouvernement provisoire aux relations extérieures ;

D'Hauterive, conseiller d'état au dernier Conseil ;

De la Besnardière, idem ;

Regnard, directeur au département des affaires étrangères ;

Durand, chargé du porte-feuille sous le Gouvernement provisoire ;

De Chabrol, préfet de la Seine, maître des requêtes au dernier Conseil ;

Seguier, premier président de la cour royale de Paris ;

Portalis, ex-conseiller d'état, premier président de la cour royale d'Angers ;

3° *Conseillers d'état honoraires,*

Les sieurs

Joly de Fleury, ancien conseiller d'état, procureur général au parlement de Paris ;

De Grosbois, ancien premier président du parlement de Besançon ;

Dompicre d'Hornoy, ex-président au parlement de Paris ;·

Dulauloy, général de division, conseiller d'état au dernier Conseil ;

Caffarelly, conseiller d'état au dernier Conseil ;

Otto, ex-ambassadeur, conseiller d'état au dernier Conseil ;

Frochot, ex-préfet de la Seine ;

De Chauvelin, conseiller d'état au dernier Conseil ;

Le général *Mathieu Dumas*, idem ;

Le chevalier *Gau*, idem ;

Costaz, idem ;

Foullon de Doué, ancien intendant de Moulins ;

D'Agay, ancien intendant à Amiens ;

Foulon d'Écotiers, ancien intendant à la Guadeloupe ;

De Chaumont, ancien intendant à Strasbourg ;

Rochefort, ancien intendant de Bretagne ;

Rouillé, ancien intendant de Champagne ;

Case, ancien maître de requêtes de l'hôtel ;

Granvelle, idem ;

Allent, maître des requêtes au dernier Conseil ;

De Crevecœur, ancien maître des requêtes de l'hôtel ;

Dorvilliers, idem ;

Pluvault de Mondragon, idem ;

Bourrienne, ex-conseiller d'état au dernier Conseil.

Conserveront le titre d'honoraires, jusqu'à ce que nous les appellions en service ordinaire, ceux qui restent de nos conseillers d'état du dernier Conseil existant en 1789.

Nous avons nommé et nommons,

1° *Maître des requêtes ordinaires*,

Les sieurs

Cromot de Fongy, ancien maître des requêtes de l'hôtel ;

Gilbert de Voisins, président à la cour royale de Paris ;

Favard de l'Anglade, maître des requêtes au dernier Conseil, conseiller à la cour de cassation ;

Maillard, maître des requêtes au dernier Conseil ;

Amédée Jaubert, idem ;

Portal, idem ;

Pelet fils, idem ;

Labouillerie, maître des requêtes au dernier Conseil, trésorier de la couronne ;

Freville, maître des requêtes au dernier Conseil ;

Le baron *Coffinhal Dunoyer*, maître des requêtes au dernier Conseil, conseiller à la cour de cassation ;

Zangiacomi, idem ;

Maleville, ex-auditeur au dernier Conseil ;

Berard, idem ;

Froidefond de Belisle, ex-auditeur au dernier Conseil ;

Joly de Fleury fils, idem ;

Amyot, idem ;

Brevannes, idem ;

Maurice de Gasville, ex-auditeur au dernier Conseil, sous-préfet de Rouen ;

Chambaudoin fils, ex-auditeur au dernier Conseil ;

Camus Dumartroy, ex-auditeur au dernier Conseil, préfet de la Creuse ;

Boissy-d'Anglas, ex-auditeur au dernier Conseil, ex-préfet ;

Taboureau, ex-auditeur au dernier Conseil ;

La Bourdonnaye de Blossac, ex-auditeur au dernier Conseil, sous-préfet à Sancerre ;

Malartic, ex-auditeur au dernier Conseil, chargé de légation ;

De Jessaint, ex-auditeur au dernier Conseil, sous-préfet ;

D'Espagnac, ex-auditeur au dernier Conseil ;

Lambert, ex-préfet à Tours, ancien conseiller au parlement de Paris ;

Maurice, ex-auditeur au dernier Conseil, ex-préfet de la Dordogne ;

Pepin de Belisle, ex-auditeur au dernier Conseil, ex-intendant en Espagne ;

Saur fils, ex-auditeur au dernier Conseil ;

Pastoret fils, idem ;

Tabary, ancien conseiller au parlement de Paris, juge au tribunal civil ;

3

Esmangart, ex-président du tribunal civil de Gand ;

Sallier, ex-conseiller au parlement de Paris ;

Didier, ancien avocat, directeur de l'école de droit, à Grenoble ;

Saint-Cricq, administrateur des douanes ;

Suchet, inspecteur général des tabacs ;

De Rigny, chargé de la comptabilité de l'université ;

Auguste Lerebours, ancien avocat général à la cour des aides ;

Janzé, ex-andieur ;

Jauffret, idem ;

Henri de Longuèves, ex-constituant ;

Duhamel, membre de la chambre des députés ;

Deblaize, ancien conseiller à la cour des aides ;

De Crazannes, ex-auditeur, secrétaire général du département du Loiret ;

Lacheze, ex-constituant, ancien magistrat ;

Delaire, ex-auditeur ;

Darlincourt, ex-auditeur, ex-intendant en Espagne ;

Roux, avocat au dernier Conseil d'état, employé par le Gouvernement provisoire ;

Lechat, avocat, ancien directeur du contentieux des fermes ;

2° *Maîtres des requêtes surnuméraires,*

Les sieurs

Lahaye de Cormenin, ex-auditeur ;

Emmanuel Dambray, fils du chancelier ;

D'Ormesson, fils du contrôleur général d'Ormesson ;

De Portes, fils du grand sénéchal du Languedoc, ex-auditeur ;

De Forges, fils de l'intendant des finances ;

Boula du Colombier, ex-auditeur ;

D'Argout, idem ;

O'Donnell, idem ;

Le Riche de Cheveigné, idem ;

Brochet de Verigny, fils d'un maître des requêtes de l'hôtel ;

Montigny, ex-auditeur, sous-préfet d'Arras ;

De Gourgues, fils du président, petit-gendre de M. *de Malesherbes* ;

Bastard, ex-auditeur ;

Leblanc de Castillon, idem ;

De Sugny, ex-auditeur, sous-préfet de Carpentras ;

Émile Patry, ex-auditeur ;

Frochot fils, ex-auditeur, ex-intendant en Espagne ;

Chopin d'Arnouville, ex-auditeur ;

Brière, ex-auditeur, attaché à la commission extraordinaire de Rouen ;

Feutrier, ex-auditeur ;

Pavée de Vandœuvres, idem ;

Paulze d'Yvoy, idem ;

Galz de Molvirade, ex-auditeur, ex-sous-préfet de Bordeaux ;

3° *Maîtres des requêtes honoraires*,

Les sieurs

Redon, maîtres des requêtes au dernier Conseil, attaché au département de la marine ;

Le baron *de Breteuil*, ex-auditeur, ex-préfet de Hambourg ;

Anisson-Dupéron, ex-auditeur, inspecteur de l'Imprimerie Royale ;

Guilhermy, ex-constituant, ancien magistrat ;

Le baron *de Champy*, maître des requêtes au dernier Conseil ;

Le comte *de Laborde*, maître des requêtes au dernier Conseil, adjudant général de la garde nationale ;

Belleville, administrateur des postes ;

Gasson, maître des requêtes au dernier Conseil, administrateur des octrois de Paris ;

Rayneval, ex-auditeur, attaché aux affaires étrangères ;

Tassin de Nonneville, ex-auditeur, inspecteur général des vivres de la guerre ;

Héron de Villefosse, inspecteur divisionnaire des mines ;

Dupont-Delporte, ex-préfet de l'Ariége ;

Abrial fils, ex-auditeur, ex-préfet du Finistère ;

Malouet, ex-auditeur, préfet de l'Aisne ;

De Plancy, préfet de Seine-et-Marne ;

Besson, secrétaire général de la préfecture de la Seine ;

D'Arbelles, historiographe des affaires étrangères ;

De Lareinthi, ex-auditeur, directeur des colonies.

Conserveront le titre de maîtres des requêtes honoraires, tous ceux des anciens maîtres des requêtes de notre hôtel que nous n'avons pas rappelés en service ordinaire, ou nommés conseillers d'état honoraires.

Il en sera de même des maîtres des requêtes du dernier Conseil.

Le chancelier de France est chargé de l'exécution des présentes.

Donné à Paris, le 5 juillet 1814.

Signé LOUIS.

Par le Roi :

Le Chancelier de France, signé DAMBRAY.

Ordonnance du Roi portant Nomination du Secrétaire général du Conseil d'état, et du Secrétaire greffier du Comité contentieux.

Au château des Tuileries, le 6 juillet 1814.

LOUIS, par la grace de Dieu, Roi DE FRANCE ET DE NAVARRE, à tous ceux qui ces présentes lettres verront, SALUT.

Sur le rapport de notre amé et féal chevalier le sieur *Dambray*, chancelier de France,

NOUS AVONS ORDONNÉ et ORDONNONS ce qui suit :

ART. 1er. Le sieur *Locré* est nommé secrétaire général de notre Conseil d'état.

2. Le sieur *Hochet* est nommé secrétaire-greffier du comité contentieux.

3. Les commis-greffiers des autres comités de notre Conseil ne pourront exercer leurs fonctions qu'après avoir été agréés par notre chancelier.

4. Notre amé et féal chevalier le chancelier

de France est chargé de l'exécution des présentes.

Donné à Paris, le 6 juillet 1814.

Signé LOUIS.

Par le Roi :

Le Chancelier de France, signé DAMBRAY.

****

Ordonnance du Roi portant nomination des Avocats et Huissiers au Conseil d'état.

Au château des Tuileries, le 10 juillet 1814.

LOUIS, par la grace de Dieu, Roi de FRANCE ET DE NAVARRE, à tous ceux qui ces présentes verront, SALUT.

Sur le rapport de notre amé et féal chevalier chancelier de France, le sieur *Dambray*;

Nous avons reconnu qu'il y avait nécessité de mettre le Conseil d'état et les comités que nous avons établis, en mesure de procéder sans retard à l'instruction et à la décision des affaires qui sont susceptibles d'y être portées, et que l'un des moyens d'y parvenir, en écartant de la suite du Conseil et des comités, comme l'ont fait tous les anciens réglements, les solliciteurs et les gens sans aveu, était d'y attacher, pour la défense des parties qui peuvent avoir intérêt, des hommes d'une capacité et d'une moralité éprouvées, en nombre suffisant pour laisser une juste latitude au choix et à la confiance publique ;

A CES CAUSES, NOUS AVONS ORDONNÉ et ORDONNONS ce qui suit :

ART. 1ᵉʳ. Les avocats ci-après nommés, qui sont admis, conformément aux anciens réglements du Conseil, à la défense des affaires susceptibles d'y être portées, formeront le collége des avocats au Conseil d'état.

2. Les membres de ce collége ne pourront excéder le nombre de soixante : ils sont soumis aux règles de discipline portées par le titre XVII de la seconde partie du réglement du Conseil du 28 juin 1738, et par les arrêts du Conseil intervenus en conformité dudit réglement.

3. Nous AVONS NOMMÉ et NOMMONS avocats en notre dit Conseil d'état,

Les sieurs

Badin,
Bosquillon,
Bouquet,
Champion de Ville-
neuve,
Cochu,
Flusin,
Gérardin,
Lavaux,
Molinier-Momplan-
qua,
Troussel,
Dutillet,
Siot de-Saint-Pol,
Thevenin,
Barbé,
Darrieux,
Dieudonné,
Dumesnil - de - Mer-
ville,
Dupont,
Huart-Duparc,
Jousselin,

Les sieurs

Pechart,
Leroi - de - Neufvil-
lette,
Moreau,
Flacon-Rochelle,
Chauveau-Lagarde,
Collin,
Dejean,
Dejoly,
Delacroix-Frainville
Julienne,
Kugler,
Legras,
Marie,
Parent Réal,
Raoul,
Thilorier,
De Lagrange,
Coste,
Hua,
Guichard père,
Bouchereau,
Camus,

Mathias,
Loiseau,
Becquey-Beaupré,
Granié,
Billiout,
Sirey,
Pageaut,
Duprat,
Borel,
Berenger,

Deliège,
Roger,
Camusat,
Barrot (à la charge
d'obtenir une dis-
pense d'âge).
Guichard fils,
Buchot,
Pichon.

4. Sont pareillement nommés huissiers exploitants en notre Conseil,

Les sieurs *Dumont* et *Charlier*.

Les uns et les autres prêteront serment entre les mains de notre chancelier.

5. Notre amé et féal chevalier chancelier de France, le sieur *Dambray*, est chargé de l'exécution des présentes.

Donné à Paris, le 10 juillet 1814.

Signé LOUIS.

Par le Roi :

Le Chancelier de France, signé DAMBRAY.

~~~~~~~~~~~~~~~~~~

Ordonnance du Roi portant Création d'une Commission du Sceau.

Au château des Tuileries, le 15 juillet 1814.

LOUIS, par la grace de Dieu, ROI DE FRANCE ET DE NAVARRE, à tous ceux qui ces présentes verront, SALUT.

Sur le rapport ne notre amé et féal chevalier chancelier de France, le sieur *Dambray*,

Voulant procurer à nos sujets les moyens de jouir des avantages qui leur sont assurés par l'article 71 de la Charte constitutionnelle; desirant en même temps maintenir et encourager une institution qui a été favorablement accueillie, et dont les produits peuvent nous offrir des ressources pour secourir les personnes que leur dévouement et leurs sacrifices ont réduites à une honorable indigence, sans que ces secours accroissent en aucune manière les charges de l'État;

A CES CAUSES, NOUS AVONS ORDONNÉ et ORDONNONS ce qui suit:

ART. 1ᵉʳ. Le conseil du sceau des titres est remplacé par une commission de trois conseillers d'état et trois maîtres des requêtes, d'un commissaire faisant fonctions de ministère public, du secrétaire du sceau, et d'un trésorier.

2. La commission du sceau, présidée par notre chancelier, connaîtra de toutes les affaires qui, d'après les statuts et réglements relatifs aux titres et majorats, ressortissaient au dernier conseil du sceau des titres.

Elle statuera sur la régularité, quant à leur forme extérieure, des actes de notre juridiction gracieuse qui devront être présentés au sceau ;

Sur les oppositions qui pourraient être formées à la délivrance des lettres - patentes concernant les intérêts locaux ou particuliers,

Et, en général, sur tous les objets analogues que nous jugerons à propos de lui attribuer.

Elle statuera sur toutes affaires par un avis formé à la majorité des voix.

3. Les maîtres des requêtes feront les rapports.

Notre commissaire sera chargé spécialement de l'examen préalable des pièces soumises à la commission, et de donner conclusion sur le rapport des requêtes et mémoires.

Il présentera au sceau les lois et ordonnances qui devront le recevoir, nos lettrespatentes portant collation ou confirmation de titres et de fonctions inamovibles, et celles d'institution de majorats : il en suivra l'exécution au-dehors, et certifiera notre chancelier de l'enregistrement desdites lettres dans nos cours et tribunaux à ce compétents.

4. Les fonctions de secrétaire du sceau appartiennent au secrétaire général de la chancellerie de France.

5. Le trésorier du sceau fera la recette des revenus précédemment attribués au conseil du sceau des titres : il fera pareillement celle des droits à payer par les impétrants, d'après le tarif arrêté par le conseil du sceau des titres, lequel est provisoirement maintenu, et d'après celui qui pourra être ultérieurement arrêté par nous en notre Conseil. Il acquittera les charges et frais de l'établisse-

ment, ainsi que les pensions qui auraient été assignées par nous sur le produit de ces droits, et sur les mandats et ordonnances qui seront délivrés par notre chancelier.

Il ne sera comptable qu'envers notre chancelier, auquel il remettra chaque mois les états de ses recettes et dépenses.

Notre chancelier se fera rendre compte des recettes et dépenses faites par le précédent trésorier du sceau des titres ; il en arrêtera le reliquat, et le fera verser dans la caisse du sceau.

6. Il y aura près ladite commission six référendaires, qui exerceront près d'elle exclusivement, pour l'instruction et la suite des affaires qui lui sont attribuées, les fonctions précédemment exercées par les avocats du dernier Conseil d'état.

7. Les personnes auxquelles il a été accordé des armoiries, pourront, sur le rapport de leurs lettres-patentes, obtenir une nouvelle concession d'armoiries. Dans celles qui seront concédées par nous, les écussons seront timbrés des anciennes couronnes de duc, comte

ou baron : l'écusson des chevaliers aura pour timbre le casque d'argent taré de profil.

8. Notre amé et féal chevalier chancelier de France, le sieur *Dambray*, est chargé de l'exécution des présentes.

Donné à Paris, le 15 juillet 1814.

Signé LOUIS.

Par le Roi :

Le Chancelier de France, signé DAMBRAY.

Ordonnance du Roi portant Nomination du Commissaire de Sa Majesté près la Commission du Sceau, et des Référendaires près la même commission.

Au château des Tuileries, le 15 juillet 1814.

LOUIS, par la grace de Dieu, Roi DE FRANCE ET DE NAVARRE, à tous ceux qui ces présentes verront, SALUT.

Sur le rapport de notre amé et féal chevalier chancelier de France, le sieur *Dambray*;

ART. 1er. NOUS AVONS NOMMÉ et NOMMONS notre commissaire près la commission du sceau le sieur *Prévot*, ex-auditeur au Conseil d'état, ci-devant secrétaire d'ambassade à Constantinople et à Saint-Pétersbourg; nous lui conférons le titre de maître des requêtes honoraire en notre Conseil.

Sont nommés référendaires près la commission,

Les sieurs *Beliard, de Mery, Geoffroy, Rébut la Rhoëllerie, Barbier-Daucourt, de Bray-Valfresne.*

2. Est nommé trésorier du sceau le sieur *Petit* (du Cher), membre de la chambre des députés des départements.

Le surplus des employés du sceau sera nommé par notre chancelier, qui soumettra, tous les ans, à notre approbation le budjet des dépenses.

3. Notre amé et féal chevalier chancelier de France, le sieur *Dambray*, est chargé de l'exécution des présentes.

Donné à Paris, le 15 juillet 1814.

Signé LOUIS.

Par le Roi:

Le Chancelier de France, signé DAMBRAY.

·················

Ordonnance du Roi portant que le Chancelier de France exercera relativement à la Cour des comptes les attributions qui avaient été données à l'Archi-Trésorier.

Au château des Tuileries, le 25 juillet 1814.

LOUIS, par la grace de Dieu, Roi DE FRANCE ET DE NAVARRE, à tous ceux qui ces présentes verront, SALUT.

Nous étant fait représenter les lois des 18 mai 1804 et 16 septembre 1807, ainsi que le décret du 28 septembre de la même année, nous avons reconnu que diverses dispositions de ces lois relatives à notre cour des comptes demeureraient sans exécution, par suite des circonstances, s'il n'y était pourvu ; qu'il était cependant utile à notre service que ces dispositions ne fussent pas plus long-temps suspendues ;

À CES CAUSES, sur le rapport de notre amé et féal chevalier chancelier de France, le sieur *Dambray,*

NOUS AVONS ORDONNÉ et ORDONNONS ce qui suit :

ART. 1ᵉʳ. Le chancelier de France exercera relativement à la cour des comptes, toutes les attributions qui avaient été données par les lois précédentes à l'archi-trésorier.

2. Notre amé et féal chevalier chancelier de France est chargé de l'exécution des présentes, qui seront envoyées à notre cour des comptes pour y être inscrites sur ses registres, et pour qu'elle ait à s'y conformer.

Donné à Paris, le 25 juillet 1814.

Signé LOUIS.

Par le Roi :

Le Chancelier de France, signé DAMBRAY.

CERTIFIÉ conforme par nous *Secrétaire général de la Chancellerie de France et du Sceau,*

Par ordre de Monseigneur le Chancelier :
LE PICARD.

Installation du Conseil d'état.

Du 3 Août 1814.

MM. les conseillers d'état ordinaires, en service extraordinaire, et honoraires, et MM. les maîtres des requêtes ordinaires, surnuméraires et honoraires, nommés par l'ordonnance du 4 juillet dernier, d'après les lettres de convocation que le secrétaire-général du Conseil d'état leur avait adressées par ordre de M. le chancelier de France, se sont réunis à une heure après midi au palais des Tuileries, dans la salle près la chapelle.

A une heure et demie, M. le chancelier est entré et s'est placé à un bureau posé diagonalement à droite en avant du trône du Roi.

Un moment après, M. le prince de Bénévent, ministre et secrétaire d'état des affaires étrángères, M. l'abbé de Montesquiou, ministre et secrétaire d'état de l'intérieur, M. le lieutenant-général comte Dupont, mi-

nistre et secrétaire d'état la guerre, M. le
maréchal Moncey, duc de Conegliano, M. le
maréchal Oudinot, duc de Reggio, M. Ferrand, M. le lieutenant-général comte Beur-
nonville, M. le lieutenant-général comte
Dessoles, ministre d'état, sont entrés et se
sont placés suivant le rang qu'ils ont entre
eux aux deux bureaux disposés de chaque
côté, dans la longueur de la salle et le plus
près de l'esdrade du trône.

MM. les conseillers d'état se sont placés
au bureau; ensuite MM. les maîtres des requêtes.

Le secrétaire-général du Conseil d'état a
occupé un bureau placé à gauche en arrière
entre celui qu'auraient occupés les princes
de la famille royale et celui des ministres.

Un huissier du cabinet a annoncé en ces
termes l'arrivée de S. M. : *le Roi, messieurs!*
Aussitôt MM. les ministres et les membres
du Conseil se sont levés.

M. le chancelier a quitté sa place et est
allé recevoir le Roi au-delà de la porte
d'entrée de la salle du Conseil.

S. M. est entrée précédée de Monsieur, frère du roi, et suivie de son capitaine des gardes, de son premier gentilhomme de la chambre, du grand maître et du maître de la garde-robe, du grand maître des cérémonies de France, et du major des gardes-du-corps de S. M.

Le Roi s'est assis sur un trône placé au fond de la salle.

Monsieur a occupé un bureau placé à la droite de l'estrade. Le bureau placé à gauche de l'estrade est resté vacant, aucun autre prince de la famille royale n'assistant à la séance.

Derrière le trône se sont placés sur une banquette, le capitaine des gardes-du-corps de S. M.; à sa droite, le premier gentilhomme de la chambre; à sa gauche, le grand-maître et le maître de la garde-robe.

A droite du premier gentilhomme de la chambre, sur un tabouret, le grand-maître des cérémonies.

Derrière le capitaine des gardes, le major des gardes-du-corps du Roi.

Le Roi assis et couvert a prononcé le discours qui suit :

« Messieurs, j'ai voulu réunir tous les
membres de mon Conseil pour recevoir
moi-même leur serment et donner plus de
solennité à la cérémonie religieuse qui vous
attache à mon service et à celui de l'état.

« Redoublez donc de zèle, messieurs, joi-
gnez vos efforts aux miens; je compte sur
vos lumières et sur votre expérience pour
m'aider à rendre mes peuples heureux.

« Mon chancelier va vous faire plus parti-
lièrement connaître mes intentions.

« Messieurs, a dit le chancelier, il est digne
d'un monarque qui veut que la justice préside à toutes ses décisions, de s'environner
de conseils sages et vertueux. Il a beau réunir
aux lumières les plus étendues la science si
rare de faire un bon usage des connais-
sances acquises par le travail et la médita-
tion; si un génie supérieur suffit pour ordonner de grandes choses, il est impossible
de suffire aux détails sans conseils.

« Il faut que des hommes éclairés, et sur-
tout des hommes vertueux, disent et prépa-

rent toutes les matières, recueillent toutes les plaintes, examinent toutes les réclamations, soumettent à l'autorité et lui proposent des avis parmi lesquels elle puisse choisir avec sûreté.

« La fortune des états, la gloire des souverains, le bonheur des peuples dépendent souvent de la sagesse des conseils ; vous êtes appelés, Messieurs, à faire aimer et respecter l'autorité du Roi, sans jamais chercher à l'étendre, à conserver sa puissance sans travailler à l'accroître. Le Roi veut que votre expérience et vos lumières ajoutent à la force comme à la sécurité de ses ministres, en les garantissant des surprises qu'on pourrait faire à leur religion ; en les éclairant sur les erreurs involontaires qui pourraient leur échapper ; en préparant les lois et les réglemens dont l'exécution leur est confiée. Le but de votre institution n'est pas, et votre nom l'indique assez, de former un Conseil qui prononce, mais un Conseil qui dirige ; vous n'êtes par appelés à administrer, mais à éclairer l'administration ; les assemblées générales du Conseil seront par-là même

assez rares , et c'est dans les comités particuliers qu'on éprouvera sur - tout votre salu-
taire influence.

« Celui de législation préparera les diverses
lois civiles et criminelles dont S. M. jugera
à-propos de lui confier la rédaction : il examinera les bulles et les actes du Saint-Siége,
et les actes des autres communions qui doivent être soumis à l'approbation du Roi.

« Le comité contentieux connaîtra des affaires qui étaient portées à la commission
qu'il remplace, des conflits entre les autorités
administratives et judiciaires, des pourvois
contre les décisions des conseils de préfecture et autres administrations, dans les cas
déterminés par la loi.

« Les actes interprétatifs et explicatifs des
lois et des réglements seront préparés par
le comité que la matière concerne ; chaque
ministre y renverra les affaires qu'il trouvera
utile de lui soumettre.

« Les avis de ces derniers comités seront
rédigés en forme de lois ou d'arrêtés , mais
n'en recevront le caractère que de l'approbation que S. M. leur aura donnée sur la

proposition des différents ministres qui, jusqu'à ce qu'il en soit autrement ordonné, pourront seuls les rendre exécutoires par leur signature.

« Telle sera la marche provisoire des différents comités, en attendant que le travail y soit déterminé par un réglement général. C'est à ces comités que les membres du Conseil vont être distribués. Que l'amour du bien y soit leur premier guide ; qu'ils y marchent constamment avant l'amitié, la haine, l'intérêt personnel. N'y proposez jamais au Roi, Messieurs, que ce qui vous paraîtra juste ; que le desir même de lui plaire fasse place à celui de le servir ; ne lui conseillez que ce qui peut le conduire à la seule gloire qu'il ambitionne, à celle de rendre ses peuples heureux. Donnez enfin, par vos vertus privées, par la sagesse de votre conduite, par la modération de vos principes, une haute opinion de la capacité de vos conseils ; vous offrirez ainsi au meilleur, comme au plus juste des rois, la plus forte preuve de votre attachement et de votre fidélité ; et vous verrez se fortifier chaque jour vos droits à l'estime publique, qui se mesure moins sur l'éclat que sur l'utilité des travaux. »

Ce discours terminé, M. le Chancelier a repris les ordres du Roi, et a lu la formule du serment dont la teneur suit :

« Vous jurez devant Dieu, de bien et fidè-
« lement servir le Roi en l'état et charge de
« conseiller d'état et maître des requêtes ;
« garder ses édits et ordonnances et les régle-
« ments de son conseil ; tenir secrètes et ne
« révéler à personne les délibérations d'icelui
« et les affaires qui vous seront communi-
« quées concernant son service ; avertir Sa
« Majesté de tout ce que vous connaîtrez im-
« porter son honneur, sa personne et son
« service, et faire tout ce qu'un homme de
« bien, aimant son Roi, doit faire pour la
« décharge de sa conscience et le bien des
« affaires de Sa Majesté. »

Tous les membres du Conseil ont répondu : *Je le jure !*

M. le chancelier a fait ensuite lecture de la liste portant distribution en comités de MM. les conseillers d'état et maîtres des requêtes.

Voici les noms et demeures de chacun des membres qui composent ces différents comités.

Comité de législation.

S. Ex. M^r le Chancelier de France, président.

MM.

Henrion de Pansey, rue de Vaugirard, n° 5o. ⎫

Delamalle, rue Neuve-des-Petits-Champs, n° 101.

Doutremont, rue de la Victoire, n° 8. ⎬ Conseillers d'état.

Demalcor, rue Saint-Honoré, n° 3o1.

Dubourblan, rue Mont-Tabor, n° 16. ⎭

Cromot de Fongy, place Vendôme, n° 21. ⎫

Favard de Langlade, r. de l'Université, n° 34.

De Malartic, rue du Bac, n° 77.

Saur, rue des Trois-Frères, n° 9.

Pastoret, place Louis XV, n° 6.

Tabary, rue d'Amboise, n° 7.

Sallier, rue du Grand-Chantier, n° 6. ⎬ Maîtres des Requêtes ordinaires.

Le Rebours, rue de Condé, n° 28.

Jauffret, rue de la Perle, n° 8.

Deblaise, rue de Bourbon, n° 51.

De Crazannes, rue Caumartin, n° 16.

Lachèze, rue Chanoinesse, n° 2. ⎭

Deforges, rue de la Planche, n° 15. ⎬ Surnuméraires.

Leblanc de Castillon, rue St-Honoré, n° 331. ⎭

Comité du contentieux.

S. Ex. M^r le Chancelier de France, président.

MM.

Henrion de Pansey, rue de Vaugirard, n° 50. \
Faure, rue de Condé, n° 26. \
Lambert, rue d'Artois, n° 8. \
Laporte - Lalane, rue Saint - André - des - Conseillers \
    Arts, hôtel de Bretagne.   d'état. \
Dupont, rue des Bons - Enfants, hôtel de \
    Nantes. \
Fumeron - Deverrières, rue Tiroux, n° 9.

Gilbert - de - Voisins, rue de la Perle, n° 1. \
Coffinal - Dunoyer, rue Beautrellis, n° 14. \
Zangiacomi, rue de l'Ouest, n° 2. \
Malleville, rue Servandoni, n° 17. \
Berard, rue du Helder, n° 13. \
Joly - Defleury, rue de la Planche, n° 15.   Maîtres \
Lambert jeune, rue d'Artois, n° 8.   des \
Esmangard, rue Lepelletier, n° 2.   Requêtes \
Didier, rue du Mail, hôtel des Milords.   ordinaires. \
Delaire, rue Vendôme. \
Darlincourt, rue du Rocher. \
Roux, rue Notre - Dame - des - Victoires.

MM.

Lahaye de Cormenin, rue des Bons-Enfants, n° 21.
Emmanuel Dambray, à la Chancellerie de France.

} Surnuméraires.

Hocher, secrétaire-greffier, rue Grange-Batelière, n° 21.

Comité de l'intérieur.

S. Ex. M^r le Ministre secrétaire d'état de l'intérieur, président.

MM.

Pelet de la Lozère, rue des Champs-Élisées, n° 4.
De Balainvillers, rue de la Chaise, n° 5.
Anglès, rue de l'Université, n° 29.
Cuvier, au Jardin du Roi.
Jourdan, rue la Victoire, n° 22.

} Conseillers d'état.

Amédée Jaubert, rue Lepelletier, n° 2.

Pelet fils, rue des Champs-Elisées, n° 4.

Amyot, rue d'Artois, n° 8.

Degasville, rue du Sentier, n° 20.

Camus-Dumartroy, rue de Grammont, n° 13.

Boissy-d'Anglas, rue de Choiseuil, n° 13.

Le Baron Mounier.

Maurice.

Janzé, rue de Varennes, n° 17.

Henri de Longuève, vieille rue du Temple, n° 78.

Maîtres des Requêtes ordinaires.

Paulzœ-d'Yvoy, maître des requêtes surnuméraire, rue des Filles-Saint-Thomas, n° 1.

Héron de Villefosse, maître des requêtes honoraire, rue du Faubourg Montmartre, n° 6.

Comité des finances.

S. Ex. M' le Ministre secrétaire d'état des finances, président.

MM.

Berenger, rue Montmartre, hôtel d'Uzès.

Corvetto, rue Saint-Marc, n° 10.

De Colonia, rue neuve l'Abbaye Saint-Germain, n° 18.

La Bourdonnaie-Deblossac.

Chabrol, Hôtel-de-Ville.

Conseillers d'état.

De Fréville, rue de Provence, n° 56.

Maillard, rue Notre-Dame-des-Victoires, n° 14.

Delabouillerie, rue de la Victoire, n° 48.

Froidefont de Bellile, rue Saint-Florentin, n° 9.

Tabourneau, quai Voltaire, n° 11.

Suchet, rue neuve Saint-Augustin, n° 17.

De Saint-Criq, rue Lepelletier, n° 7.

De Rigny, au Ministère des Finances.

Duhamel, rue neuve des Petits-Champs, n° 14.

Lechat, rue du Mont-Blanc, n° 49.

} Maîtres des Requêtes ordinaires.

Deportes, au Luxembourg.

Dargoult, boulevard des Capucines, n° 11.

} Surnuméraires.

Comité du commerce.

S. Ex. M' le Ministre secrétaire d'état de l'intérieur, président.

MM.

Begouen, rue de la Pépinière, n° 19.

Français (de Nantes) rue du Helder, n° 5.

Degerando, rue de Varennes, n° 31.

Dupont (de Némours) rue de Surenne, n° 23.

} Conseillers d'état.

4.

Portal, rue Vivienne, n° 3.

Brevannes, rue d'Orléans, au Marais, n° 7.

Chambaudoin, rue Bergère, n° 14.

De Jessaint, rue Caumartin, hôtel Victor.

D'Espagnac, rue de Louvois.

Pépin de Bellile, rue Saint-Florentin, n° 14.

Bouchel de Vérigny, rue neuve Saint-Augustin.

La Reinthy, au Ministère de la Marine.

Maîtres des requêtes ordinaires.

Secrétaire général du Conseil d'état.

M. le baron Locré, rue du faub. Saint-Honoré, n° 57.

Commission du Sceau.

S. Ex. M^r le Chancelier de France, président.

Membres de la Commission.

MM. De Crevecœur, conseiller d'état honoraire, rue Saint-Hyacinthe, n° 10.

Decaze, conseiller d'état honoraire, rue Joubert, n° 10.

Dufour-Rochefort, conseiller d'état honoraire, rue Saint-Honoré, n° 370.

Tassin, maître des requêtes honoraire de l'Hôtel, rue Sainte-Anne, hôtel des Ambassadeurs.

Roux, maître des requêtes en service ordinaire, rue Notre-Dame-des-Victoires, n° 28.

Boula du Colombier, maître des requêtes surnuméraire, rue des Célestins, n° 10.

Commissaire du Roi.

M. Prévost, maître des requêtes honoraire, place Vendôme, n° 6.

Secrétaire général.

M. Le Picard, secrétaire général de la Chancellerie de France, place Vendôme, n° 17.

Trésorier.

M. Petit (du Cher) membre de la chambre des députés, rue de la Paix, n° 14.

Référendaires.

MM. Rébut de la Rhoëllerie, rue de Seine, n° 26.
Béliard, rue Neuve des Petits-Champs, n° 31.
Demery, rue de Seine, n° 39.
Geoffroy, rue Guénégaud, n° 17.
Barbier-Dancourt, rue Neuve des Petits-Champs, n° 79.
Debray de Valfresnes, rue Neuve des Petits-Champs, n° 31.

Commission pour la restitution des biens non vendus des émigrés.

S. Ex. M^r le Ministre d'état Ferrand, directeur général des postes, président, à l'hôtel des postes.

MM. le baron Henrion de Pansey, conseiller d'état en service ordinaire, et président de la cour de cassation, rue Vaugirard, n° 5o.

Le comte Chabrol de Crouzol, conseiller d'état en service ordinaire, à l'Hôtel-de-Ville.

Le baron Favard de Langlade, maître des requêtes en service ordinaire, et conseiller à la cour de cassation, rue de l'Université, n° 34.

Le baron Zaugiacomi, maître des requêtes en service ordinaire, et conseiller à la cour de cassation, rue de l'Ouest, n° 2.

EXTRAIT

Des dispositions du Réglement du Conseil du 28 juin 1738, auxquelles les avocats au Conseil d'état doivent se conformer pour leur discipline, d'après l'ordonnance du Roi portant leur nomination.

TITRE XVII.

De la Discipline qui doit être observée par les Avocats au Conseil.

Art. 1er. Aucun ne pourra être pourvu d'un office d'avocat aux Conseils du Roi, s'il n'a été reçu avocat en parlement.

2. Les secrétaires, clercs, ou commis de ceux qui ont entrée, séance et voix délibérative au Conseil, ne pourront être pourvus d'office d'avocats au Conseil, tant qu'ils demeureront en cet état : et à l'égard des clercs des avocats au Conseil, ils ne pourront pareillement être pourvus desdits offices, si, après avoir cessé d'être clercs, ils n'ont fré-

quenté le barreau pendant deux ans au moins, en qualité d'avocats au parlement, dont ils seront tenus de rapporter des preuves en bonne forme.

3. Après que celui qui poursuivra sa réception en l'office d'avocat au Conseil aura été agréé par monsieur le Chancelier, et en aura obtenu *le soit montré* aux doyen et syndics desdits avocats, il se présentera à l'assemblée desdits avocats, et s'ils trouvent qu'il ait les qualités requises, ils en rendront compte à monsieur le Chancelier, et en conséquence, il sera fait information de ses vie et mœurs, et religion, par un des sieurs maîtres des requêtes qui sera commis à cet effet.

4. Défenses sont faites aux clercs, solliciteurs, et à tous autres qu'aux avocats au Conseil, de signer aucuns actes de procédure, soit d'instruction ou autres, ni même de les coter du nom desdits avocats, à peine de faux : et ne pourront, lesdits avocats, leur prêter leur ministère directement ou indirectement, ni signer pour eux aucunes

écritures ou expéditions, à peine d'interdiction pour la première fois, et de privation
de leurs charges pour la seconde.

5. Ne pourront pareillement, lesdits avocats, occuper pour leurs confrères, ou leur
prêter leur nom, directement ou indirectement, en quelques affaires que ce puisse
être, quand même ce serait pour des parties
qui n'auraient pas des intérêts opposés ; et
ce, sous telle peine qu'il appartiendra, sauf
aux parties qui auraient un même intérêt, à
continuer le même avocat.

6. Aucun avocat au Conseil ne pourra
faire fonction de secrétaire, clerc ou commis de ceux qui ont entrée, séance et voix
délibérative au Conseil, ni pareillement d'intendant ou agent de quelque personne que
ce puisse être ; ce qui sera observé, à peine
de destitution de son office : à l'effet de quoi
les doyen et syndics desdits avocats seront
tenus de se retirer par devers monsieur le
chancelier, pour y être par lui pourvu.

7. Les avocats au Conseil tiendront une
fois la semaine une assemblée composée des

doyen, syndics, greffier, et de ceux d'entre eux qui seront députés par chaque mois; à laquelle assemblée les autres avocats pourront se trouver, si bon leur semble.

8. Les députés seront tenus, dans le mois de leur députation, et les avocats nouvellement reçus, dans les trois premières années de leur réception, de se trouver à toutes lesdites assemblées, à peine de trois livres d'aumône pour chaque contravention, s'ils n'en sont excusés par les syndics, pour causes justes et légitimes.

9. Dans lesdites assemblées, seront examinées les plaintes touchant la discipline desdits avocats, l'irrégularité des procédures, et en général l'inobservation des réglements, notamment en ce qui concerne les termes injurieux dont aucuns desdits avocats se plaindront contre leurs confrères ; sur quoi l'assemblée pourra mulcter les contrevenants de telle aumône qui sera jugée convenable, jusqu'à la somme de cent livres, applicable à l'hôpital général.

10. Ne pourra néanmoins ladite assemblée

prendre connaissance de la révocation qui aurait été faite d'un avocat par sa partie, et l'avocat que ladite partie aura constituée à la place du premier, ne pourra se dispenser d'occuper pour elle, sous prétexte de vouloir y être autorisé par l'avis de ladite assemblée, par devant laquelle (ou par devant lesdits syndics en charges) les parties ou leurs avocats ne pourront être obligés de se pourvoir au sujet de ladite révocation.

11. Les délibérations qui auront été prises dans lesdites assemblées, ne pourront être attaquées par opposition ni par appel, sauf à ceux qui auront à s'en plaindre à se retirer par devers monsieur le chancelier, pour y être pourvu ainsi qu'il appartiendra.

12. Les doyen et syndics desdits avocats seront tenus de remettre tous les mois, à monsieur le chancelier, un extrait des délibérations prises en ladite assemblée sur tous les points contenus en l'article 9 ci-dessus, concernant la discipline des avocats aux Conseils.

Le présent réglement sera ponctuellement

observé dans toutes les affaires, sans exception, à commencer au quinzième juillet prochain, et ce, nonobstant tous les réglements précédemment faits sur la procédure du Conseil, qui demeureront entièrement abrogés, comme aussi nonobstant tous usages à ce contraire, etc.

Fait et arrêté au Conseil d'état du Roi, Sa Majesté y étant, tenu à Versailles, le vingt-huitième jour de juin mil sept cent trente-huit.

Signé PHELIPEAUX.

DÉCRET

CONTENANT RÉGLEMENT SUR LES AFFAIRES CONTENTIEUSES PORTÉES AU CONSEIL D'ÉTAT (1).

Du 22 juillet 1806.

TITRE Ier.

De l'Introduction et de l'Instruction des Instances.

SECTION Ire.

Des Instances introduites au Conseil d'état, à la requête des parties.

ART. 1er. Le recours des parties au Conseil d'état en matière contentieuse sera formé

---

(1) L'article 20 de l'Ordonnance du Roi concernant l'Organisation du Conseil porte, que « jusqu'à ce qu'il « en ait été autrement ordonné, on se conformera aux « réglements et usages qui étaient observés au dernier « comité contentieux. »

Il résulte de cette disposition que le réglement du 22 juillet 1806 doit continuer d'être exécuté.

par requête signée d'un avocat au Conseil ;
elle contiendra l'exposé sommaire des faits
et des moyens, les conclusions, les noms et
demeures des parties, l'énonciation des pièces
dont on entend se servir et qui y seront jointes.

2. Les requêtes et en général toutes les
productions des parties seront déposées au
secrétariat du Conseil d'état ; elles y seront
inscrites sur un registre suivant leur ordre
de date, ainsi que la remise qui en sera faite
à l'auditeur nommé par le grand-juge pour
préparer l'instruction.

3. Le recours au Conseil d'état n'aura point
d'effet suspensif, s'il n'en est autrement ordonné.

Lorsque l'avis de la commission établie par
notre décret du 11 juin dernier sera d'accorder le sursis, il en sera fait rapport au Conseil d'état, qui prononcera.

4. Lorsque la communication aux parties
intéressées aura été ordonnée par le grand-
juge, elles seront tenues de répondre et de
fournir leurs défenses dans les délais suivants :

Dans quinze jours, si leur demeure est à

Paris, ou n'en est pas éloignée de plus de cinq myriamètres;

Dans le mois, si elles demeurent à une distance plus éloignée dans le ressort de la cour d'appel de Paris, ou dans l'un des ressorts des cours d'appel d'Orléans, Rouen, Amiens, Douai, Nanci, Metz, Dijon et Bourges;

Dans deux mois, pour les ressorts des autres cours d'appel en France;

Et à l'égard des colonies et des pays étrangers, les délais seront réglés ainsi qu'il appartiendra par l'ordonnance de *soit communiqué*.

Ces délais commenceront à courir du jour de la signification de la requête à personne ou domicile par le ministère d'un huissier.

Dans les matières provisoires ou urgentes, les délais pourront être abrégés par le grand-juge.

5. La signature de l'avocat au pied de la requête, soit en demande, soit en défense, vaudra constitution et élection de domicile chez lui.

6. Le demandeur pourra, dans la quinzaine après les défenses fournies, donner une se-

conde requête, et le défendeur répondre dans la quinzaine suivante.

Il ne pourra y avoir plus de deux requêtes de la part de chaque partie, y compris la requête introductive.

7. Lorsque le jugement sera poursuivi contre plusieurs parties, dont les unes auraient fourni leurs défenses, et les autres seraient en défaut de les fournir, il sera statué à l'égard de toutes par la même décision.

8. Les avocats des parties pourront prendre communication des productions de l'instance au secrétariat, sans frais.

Les pièces ne pourront en être déplacées, si ce n'est qu'il y en ait minute ou que la partie y consente.

9. Lorsqu'il y aura déplacement de pièces, le récépissé, signé de l'avocat, portera son obligation de les rendre dans un délai qui ne pourra excéder huit jours; et après ce délai expiré, le grand-juge pourra condamner personnellement l'avocat en dix francs au moins de dommages et intérêts par chaque jour de retard, et même ordonner qu'il sera contraint par corps.

10. Dans aucun cas les délais pour fournir ou signifier requêtes ne seront prolongés par l'effet des communications.

11. Le recours au Conseil contre la décision d'une autorité qui y ressortit, ne sera pas recevable après trois mois du jour où cette décision aura été notifiée.

12. Lorsque, sur un semblable pourvoi fait dans le délai ci-dessus prescrit, il aura été rendu une ordonnance de *soit communiqué*, cette ordonnance devra être signifiée dans le délai de trois mois, sous peine de déchéance.

13. Ceux qui demeureront hors de la France continentale, auront, outre le délai de trois mois énoncé dans les deux articles ci-dessus, celui qui est réglé par l'art. 73 du Code de procédure civile.

14. Si, d'après l'examen d'une affaire, il y a lieu d'ordonner que des faits ou des écritures soient vérifiés, ou qu'une partie soit interrogée, le grand-juge désignera un maître des requêtes, ou commettra sur lieux : il réglera la forme dans laquelle il sera procédé à ces actes d'instruction.

15. Dans tous les cas où les délais ne sont pas fixés par le présent décret, ils seront déterminés par ordonnance du grand-juge.

Section II.

Dispositions particulières aux Affaires contentieuses introduites sur le rapport d'un Ministre.

16. Dans les affaires contentieuses introduites au Conseil sur le rapport d'un ministre, il sera donné, dans la forme administrative ordinaire, avis à la partie intéressée de la remise faite au grand-juge des mémoires et pièces fournis par les agents du Gouvernement, afin qu'elle puisse prendre communication dans la forme prescrite aux articles 8 et 9, et fournir ses réponses dans le délai du réglement. Le rapport du ministre ne sera pas communiqué.

17. Lorsque, dans les affaires où le Gouvernement a des intérêts opposés à ceux d'une partie, l'instance est introduite à la requête de cette partie, le dépôt qui sera fait au se-

crétariat du Conseil, de la requête et des
pièces, vaudra notification aux agents du Gouvernement : il en sera de même pour la suite
de l'instruction.

TITRE II.

Des Incidents qui peuvent survenir pendant l'Instruction d'une affaire.

§ 1er.

Des Demandes incidentes.

18. Les demandes incidentes seront formées par une requête sommaire déposée au
secrétariat du Conseil : le grand-juge en ordonnera, s'il y a lieu, la communication à
la partie intéressée, pour y répondre dans les
trois jours de la signification, ou autre bref
délai qui sera déterminé.

19. Les demandes incidentes seront jointes
au principal, pour y être statué par la même
décision.

S'il y avait lieu néanmoins à quelque disposition provisoire et urgente, le rapport en

5

sera fait par l'auditeur à la prochaine séance de la commission, pour y être pourvu par le Conseil ainsi qu'il appartiendra.

§ II.

De l'Inscription de faux.

20. Dans le cas de demande en inscription de faux contre une pièce produite, le grand-juge fixera le délai dans lequel la partie qui l'a produite sera tenue de déclarer si elle entend s'en servir.

Si la partie ne satisfait pas à cette ordonnance, ou si elle déclare qu'elle n'entend pas se servir de la pièce, cette pièce sera rejetée.

Si la partie fait la déclaration qu'elle entend se servir de la pièce, le Conseil d'état statuera sur l'avis de la commission, soit en ordonnant qu'il sera sursis à la décision de l'instance principale jusqu'après le jugement du faux par le tribunal compétent, soit en prononçant la décision définitive, si elle ne dépend pas de la pièce arguée de faux.

§ III.

De l'Intervention.

21. L'intervention sera formée par requête ; le grand-juge ordonnera, s'il y a lieu, que cette requête soit communiquée aux parties, pour y répondre dans le délai qui sera fixé par l'ordonnance : néanmoins la décision de l'affaire principale qui serait instruite, ne pourra être retardée par une intervention.

§ IV.

Des Reprises d'instance, et Constitution de nouvel Avocat.

22. Dans les affaires qui ne seront point en état d'être jugées, la procédure sera suspendue par la notification du décès de l'une des parties, ou par le seul fait du décès, de la démission, de l'interdiction ou de la destitution de son avocat.

Cette suspension durera jusqu'à la mise en demeure pour reprendre l'instance ou constituer avocat.

23. Dans aucun des cas énoncés en l'article précédent la décision d'une affaire en état ne sera différée.

24. L'acte de révocation d'un avocat, par sa partie est sans effet pour la partie adverse, s'il ne contient pas la constitution d'un autre avocat.

§ V.

Du Désaveu.

25. Si une partie veut former un désaveu relativement à des actes ou procédures faits en son nom ailleurs qu'au Conseil d'état, et qui peuvent influer sur la décision de la cause qui y est portée, sa demande devra être communiquée aux autres parties. Si le grand-juge estime que le désaveu mérite d'être instruit, il renverra l'instruction et le jugement devant les juges compétents, pour y être statué dans le délai qui sera réglé.

A l'expiration de ce délai, il sera passé outre au rapport de l'affaire principale sur le vu du jugement du désaveu, ou faute de le rapporter.

26. Si le désaveu est relatif à des actes ou procédures faits au Conseil d'état, il sera procédé contre l'avocat sommairement, et dans les délais fixés par le grand-juge.

TITRE III.

§ Ier.

Des Décisions du Conseil d'état.

27. Les décisions du Conseil contiendront les noms et qualités des parties, leurs conclusions et le vu des pièces principales.

28. Elles ne seront mises à exécution contre une partie qu'après avoir été préalablement signifiées à l'avocat au Conseil qui aura occupé pour elle.

§ II.

De l'Opposition aux Décisions rendues par défaut.

29. Les décisions du Conseil d'état rendues par défaut sont susceptibles d'opposition. Cette opposition ne sera point suspensive, à moins qu'il n'en soit autrement ordonné.

Elle devra être formée dans le délai de
trois mois, à compter du jour où la décision
par défaut aura été notifiée : après ce délai,
l'opposition ne sera plus recevable.

3o. Si la commission est d'avis que l'opposition doive être reçue, elle fera son rapport au Conseil, qui remettra, s'il y a lieu,
les parties dans le même état où elles étaient
auparavant.

La décision qui aura admis l'opposition,
sera signifiée dans la huitaine, à compter du
jour de cette décision, à l'avocat de l'autre
partie.

31. L'opposition d'une partie défaillante à
une décision rendue contradictoirement avec
une autre partie ayant le même intérêt, ne
sera pas recevable.

§ III.

Du Recours contre les Décisions contradictoires.

32. Défenses sont faites, sous peine d'a-
mende, et même, en cas de récidive, sous
peine de suspension ou de destitution, aux

avocats en notre Conseil d'état, de présenter
requête en recours contre une décision contradictoire, si ce n'est en deux cas :

Si elle a été rendue sur pièces fausses;

Si la partie a été condamnée faute de représenter une pièce décisive qui était retenue
par son adversaire.

33. Ce recours devra être formé dans le
même délai, et admis de la même manière
que l'opposition à une décision par défaut.

34. Lorsque le recours contre une décision
contradictoire aura été admis dans le cours
de l'année où elle avait été rendue, la communication sera faite soit au défendeur, soit
au domicile de l'avocat qui a occupé pour
lui, et qui sera tenu d'occuper sur ce recours, sans qu'il soit besoin d'un nouveau
pouvoir.

35. Si le recours n'a été admis qu'après
l'année depuis la décision, la communication sera faite aux parties à personne ou domicile, pour y fournir réponse dans le délai
du règlement.

36. Lorsqu'il aura été statué sur un pre-

mier recours contre une décision contradictoire, un second recours contre la même
décision ne sera pas recevable. L'avocat qui
aurait présenté la requête sera puni de l'une
des peines énoncées en l'article 32.

§ IV.

De la tierce Opposition.

37. Ceux qui voudront s'opposer à des
décisions du Conseil d'état rendues en matière contentieuse, et lors desquelles ni eux
ni ceux qu'ils représentent n'ont été appelés,
ne pourront former leur opposition que par
requête en la forme ordinaire ; et sur le dépôt
qui en sera fait au secrétariat du Conseil, il
sera procédé conformément aux dispositions
du titre 1er.

38. La partie qui succombera dans sa tierce
opposition, sera condamnée en cent cinquante francs d'amende, sans préjudice des
dommages et intérêts de la partie, s'il y a lieu.

39. Les articles 34 et 35 ci-desssus, concernant les recours contre les décisions con-

tradictoires, sont communs à la tierce opposition.

40. Lorsqu'une partie se croira lésée dans ses droits ou sa propriété par l'effet d'une décision de notre Conseil d'état rendue en matière non contentieuse, elle pourra nous présenter une requête pour, sur le rapport qui nous en sera fait, être l'affaire renvoyée, s'il y a lieu, soit à une section du Conseil d'état, soit à une commission.

§. V.

Des Dépens.

41. En attendant qu'il soit fait un nouveau tarif des dépens, et statué sur la manière dont il sera procédé à leur liquidation, on suivra provisoirement les réglements antérieurs relatifs aux avocats au Conseil, et qui sont applicables aux procédures ci-dessus.

42. Il ne sera employé dans la liquidation des dépens aucuns frais de voyage, séjour ou rétour des parties, ni aucuns frais de voyage d'huissier au-delà d'une journée.

43. La liquidation et la taxe des dépens

seront faites à la commission du contentieux
par un maître des requêtes, et sauf révision,
par le grand-juge.

TITRE IV.

§ 1er.

Des Avocats au Conseil.

44. Les avocats en notre Conseil d'état
auront, conformément à notre décret du 11
juin dernier, le droit exclusif de faire tous
actes d'instruction et de procédure devant la
commission du contentieux.

45. L'impression d'aucun mémoire ne passera en taxe.

Les écritures seront réduites au nombre
de rôles qui sera réputé suffisant pour l'instruction de l'instance.

46. Les requêtes et mémoires seront écrits
correctement et lisiblement en demi-grosse
seulement ; chaque rôle contiendra au moins
cinquante lignes, et chaque ligne douze syllabes au moins : sinon, chaque rôle où il se
trouvera moins de lignes et de syllabes, sera
rayé en entier ; et l'avocat sera tenu de res-

tituer ce qui lui aurait été payé à raison de ces rôles.

47. Les copies signifiées des requêtes et mémoires ou autres actes, seront écrites lisiblement et correctement; elles seront conformes aux originaux, et l'avocat en sera responsable.

48. Les écritures des parties, signées par les avocats au Conseil, seront sur papier timbré.

Les pièces par elles produites ne seront point sujettes au droit d'enregistrement, à l'exception des exploits d'huissier, pour chacun desquels il sera perçu un droit fixe d'un franc.

N'entendons néanmoins dispenser les pièces produites devant notre Conseil d'état, des droits d'enregistrement auxquels l'usage qui en serait fait ailleurs pourrait donner ouverture.

N'entendons pareillement dispenser du droit d'enregistrement, les pièces produites devant notre Conseil d'état, qui, par leur nature, sont soumises à l'enregistrement dans un délai fixe.

49. Les avocats au Conseil seront, suivant les circonstances, punis de l'une des peines ci-dessus, dans le cas de contravention aux réglements, et notamment s'ils présentent comme contentieuses des affaires qui ne le seraient pas, ou s'ils portent en notre Conseil d'état des affaires qui seraient de la compétence d'une autre autorité.

50. Les avocats au Conseil prêteront serment entre les mains de notre grand-juge ministre de la justice.

§ II.

Des Huissiers au Conseil.

51. Les significations d'avocat à avocat, et celles aux parties ayant leur demeure à Paris, seront faites par des huissiers au Conseil.

52. Nos ministres, chacun en ce qui le concerne, sont chargés de l'exécution de notre présent décret.

RECUEIL de différêntes Décisions rendues par le dernier Conseil d'état, depuis 1806, époque de l'établissement de la commission du contentieux, jusqu'au 30 mars 1814.

Avis du Conseil d'état sur les Comptables destitués par ordre de Sa Majesté. (Séance du 19 Février 1807).

Du 16 mars 1807.

LE CONSEIL D'ÉTAT, qui, d'après le renvoi ordonné par Sa Majesté l'Empereur et Roi, a entendu le rapport de la section des finances sur celui du ministre du trésor public, tendant à faire décider que l'article 75 de l'acte constitutionnel du 22 frimaire an VIII n'est point applicable aux comptables destitués par ordre de Sa Majesté ;

Considérant que ce n'est pas aux comptables infidèles et destitués que la Constitution a voulu donner contre leur mise en jugement, si la vindicte publique la réclame, une sauvegarde que l'autorité suprême pourrait seule leur ôter ; que toutes les lois anciennes et nouvelles assimilent les comptables rétentionnaires de deniers publics aux banqueroutiers frauduleux, et qu'il n'est pas moins contraire à l'esprit de la Constitution qu'à l'intérêt du Gouvernement de supposer que des ex-comptables sans fonctions, devenus étrangers à l'action administrative, puissent, même encore après qu'ils ont été frappés d'une destitution, réclamer un privilége qui n'a été accordé qu'aux agents publics dont la cessation des fonctions et de la coopération au mouvement administratif pourrait en paralyser l'action,

EST D'AVIS, 1° que les comptables destitués par ordre de sa Majesté, ne peuvent pas être admis à se prévaloir de la prérogative constitutionnelle d'après laquelle les agents publics ne peuvent être mis en jugement qu'en vertu d'une décision du Conseil d'état ;

2° Que les ex-comptables rétentionnaires de deniers publics peuvent être traduits devant les tribunaux criminels, sur la simple dénonciation du ministre du trésor public au grand-juge ministre de la justice, qui se fera rendre compte de l'instruction et des suites de la procédure.

****

Avis du Conseil d'état sur l'entretien du Pavé
des villes dans les rues non grandes routes.
(Séance du 3 mars 1807).

Du 25 mars 1807.

LE CONSEIL D'ÉTAT, qui, d'après le renvoi
ordonné par sa Majesté l'Empereur et Roi,
a entendu le rapport de la section de l'intérieur sur celui du ministre de ce département
en date du 21 janvier dernier, par lequel le
ministre demande qu'il soit statué sur la
question de savoir « si, dans toutes les com-
« munes, le pavé des rues *non grandes routes*
« doit être mis à la charge des propriétaires
« des maisons qui les bordent, lorsque l'usage
« l'a ainsi établi, et si l'article 4 de la loi du
« 11 frimaire an VII n'y apporte pas d'obs-
« tacle, »

ESTIME que la loi du 11 frimaire an VII,
en distinguant la partie du pavé des villes à
la charge de l'État de celle à la charge des
villes, n'a point entendu régler de quelle

manière cette dépense serait acquittée dans chaque ville, et qu'on doit continuer de suivre à ce sujet l'usage établi pour chaque localité, jusqu'à ce qu'il ait été statué par un réglement général sur cette partie de la police publique ;

En conséquence, que, dans les villes où les revenus ordinaires ne suffisent pas à l'établissement, restauration ou entretien du pavé, les préfets peuvent en autoriser la dépense à la charge des propriétaires, ainsi qu'il s'est pratiqué avant la loi du 11 frimaire an VII,

Et que le présent avis soit inséré au Bulletin des lois.

Avis sur plusieurs questions relatives aux Biens et Rentes sur lesquels les Fabriques et les Hospices peuvent respectivement prétendre des droits.

Du 30 avril 1807.

LE CONSEIL D'ÉTAT, qui, sur le renvoi ordonné par Sa Majesté l'Empereur et Roi, a pris connaissance, 1° d'un rapport du ministre de l'intérieur, en date du 8 avril 1806; 2° de celui du ministre des cultes, du 18 juin 1806 ; 3° de celui du ministre des finances, du 4 mars 1807, par lesquels les ministres proposent ou discutent les quatre questions suivantes :

1° Les biens des fabriques que les hospices ont découverts depuis la loi du 13 brumaire an II, qui les déclare nationaux, jusqu'à l'arrêté du 7 thermidor an XI, qui les rend aux fabriques, appartiennent-ils aux hospices par le fait seul de la découverte et sans qu'ils en aient été envoyés en possession ?

2° Peut-on ranger parmi les domaines usurpés, et, en conséquence, appliquer les dispositions de la loi du 4 ventôse an IX à des biens de fabriques dont la rente a cessé, à la vérité, d'être servie à la régie, mais dont le bail ne remonte pas plus haut qu'à l'année 1786 ?

3° L'arrêté du 7 thermidor an XI, lequel met en réserve *les rentes destinées aux hospices qui, à cette époque, ne leur auront pas encore été transportées par un transfert légal,* est-il applicable à toute espèce de rentes attribuées aux hospices, soit en paiement de leurs créances sur le Gouvernement, en vertu de l'arrêté du 15 brumaire an IX, soit à titre de découverte, en vertu de la loi du 4 ventôse an IX ?

4° La décision du Gouvernement, du 7 nivôse an XII, qui restreint l'attribution des hospices aux rentes que leurs propres agents découvriraient, peut-elle s'appliquer aux rentes découvertes *antérieurement* par les préposés de la régie, et lorsque l'arrêté du 15 brumaire an IX imposait à ces préposés le devoir de poursuivre la restitution de ces rentes au profit des hospices ?

ESTIME que la première question est clairement résolue par l'article 1er de l'arrêté du 7 thermidor an XI, où on lit que « les biens « des fabriques non aliénés, ainsi que les rentes « dont elles jouissaient, et dont le transfert « n'a pas été fait, seront rendus à leur des- « tination » ; d'où il suit que tout immeuble ou rente provenant de fabriques, de confréries, de fondations, ou de *fabriques d'anciens chapitres*, dont l'aliénation ou le transfert n'avait pas été consommé antérieurement à la promulgation des arrêtés des 7 thermidor an XI, 25 frimaire an XII, 15 ventôse et 28 messidor an XIII, retourne aux fabriques et doit leur être restitué, quelles qu'aient été les démarches préliminaires des hospices pour en obtenir la jouissance, et que ces démarches leur donnent seulement le droit de répéter contre les fabriques le remboursement des frais faits pour parvenir à la découverte et à l'envoi en possession desdits biens.

Sur la seconde question, que la loi du 4

ventôse an IX a affecté aux hospices les rentes celées et les domaines usurpés ; que l'arrêté du 27 frimaire an XI a défini ce qu'on devait entendre par *rentes celées*, et que, s'il restait quelque doute sur l'expression de *domaines usurpés*, il serait levé par l'article 6 de l'arrêté du 7 messidor an IX, qui autorise les hospices à poursuivre tous fermiers, locataires, concessionnaires, et autres jouissant, *à quelque titre que ce soit*, s'ils n'ont pas déclaré, conformément à l'article 37 des décrets des 7 et 11 août *1790*, comment et en vertu de quoi ils jouissent, et s'ils n'ont pas représenté et fait parapher leurs titres ; que la date et la nature du titre sont ici indifférentes, puisque, *quel qu'il soit*, il suffit qu'il n'ait point été déclaré en exécution de la loi de 1790, qu'il ne soit pas rappelé aux registres de la régie, et que le service de la rente ait été interrompu pendant les délais déterminés, pour caractériser l'espèce d'usurpation qui donne ouverture aux droits des hospices.

Sur la troisième, que l'arrêté du 7 thermidor an XI, lorsqu'il a suspendu le transfert des rentes au profit des hospices, n'a frappé que sur les capitaux de rentes servies à la régie et bien connues, qui avaient été affectées au paiement de leur dette arriérée par l'arrêté du 15 brumaire an IX, suspension motivée par la circonstance où ces rentes avaient été précédemment, et par arrêté du 27 prairial an VIII, affectées au rachat des rescriptions émises par la trésorerie, et qu'on avait de justes raisons de craindre que ces rentes ne suffisent pas à l'une et à l'autre destination ; mais qu'on ne doit pas confondre ces rentes servies à la régie des domaines, connues, et qui avaient une affectation précédente avec des rentes inconnues et souvent douteuses, auxquelles il était bien impossible de donner une affectation, et qui appartiennent aux hospices par le fait seul de la découverte constatée, à moins qu'elles ne proviennent de fabriques.

Sur la quatrième question, que l'on ne peut, dans aucun cas, attribuer aux hospices une rente dont le service aurait été interrompu, mais qui aurait été découverte par un

agent du domaine, puisque la découverte a
dû être constatée sur-le-champ par une inscription aux registres de la régie, et que l'une
des conditions essentielles de l'abandon d'une
rente aux hospices, c'est qu'il ne s'en trouve
aucune mention sur ces registres. Les préposés de la régie ne se trouvent point compris parmi les fonctionnaires publics prévus
par l'article 5 de l'arrêté du 15 brumaire
an IX; jamais on n'a entendu leur imposer
le devoir de rechercher des rentes au profit
des hospices, ni les dispenser de celui d'en
rechercher au profit de la régie.

,,,,,,,,,,,,,,,,

Décret sur l'Instruction des Affaires concernant la Liste civile.

Du 12 juillet 1807.

NAPOLÉON, etc.

Sur le rapport de l'intendant général de, notre maison;

Vu nos décrets des 11 juin et 22 juillet 1806;

Notre Conseil d'état entendu,

Nous AVONS DÉCRÉTÉ et DÉCRÉTONS ce qui suit :

ART. 1er. L'intendant général de notre maison remettra au grand-juge le rapport et les pièces à l'appui dans les affaires concernant notre liste civile, que nous aurons renvoyées à notre Conseil d'état, et sur lesquelles il sera statué suivant les formes prescrites dans le titre IV du décret du 11 juin 1806.

2. Le grand-juge fera donner, dans la forme administrative, avis aux parties intéressées de la remise à lui faire des mémoires

et pièces fournis par l'intendant général de notre maison, afin qu'elles puissent en prendre communication dans la forme prescrite aux articles 8 et 9 du décret du 22 juillet 1806.

3. Lorsque, dans les affaires où la liste civile a des intérêts opposés à ceux d'une partie, l'instance est introduite à la requête de cette partie, ses requêtes et les pièces à l'appui seront déposées au secrétariat général du Conseil d'état avec un inventaire dont il sera fait registre. Le dépôt qui en sera fait au secrétariat du Conseil, vaudra notification aux agents de notre liste civile. Il en sera de même pour la suite de l'instruction.

4. Soit qu'une affaire contentieuse relative à la liste civile soit portée au Conseil d'état, d'après notre renvoi, par l'intendant général de notre maison, soit qu'elle y soit introduite à la requête d'une partie, le grand-juge nommera pour cette affaire un auditeur, lequel prendra les pièces et préparera l'instruction.

5. Toutes les autres dispositions des décrets

des 11 juin et 22 juillet 1806, qui concernent l'instruction des affaires relatives aux départements des ministres, sont déclarées communes aux affaires concernant le département de l'intendant général de notre maison.

6. Notre grand-juge ministre de la justice et l'intendant général de notre maison, sont chargés de l'exécution du présent décret.

* * * * * * * * * * * * * * * *

Avis au Conseil d'état, portant que le recours au Conseil d'état contre une décision du conseil des prises n'a pas d'effet suspensif. (Séance du 22 décembre 1807).

Du 11 janvier 1808.

LE Conseil d'état, qui, en exécution du renvoi ordonné par S. M. l'Empereur et Roi, a entendu le rapport des sections réunies de législation et de la marine sur celui du ministre de la marine ayant pour objet la question de savoir, si, lorsqu'il a été prononcé au conseil des prises une décision contre laquelle il y a recours au Conseil d'état, il est

6

nécessaire pour que cette décision puisse, no-nobstant le recours, recevoir son exécution provisoire, qu'il soit fourni caution;

Vu l'article 3 du décret impérial du 22 juillet 1806, contenant réglement sur les affaires contentieuses portées au Conseil d'état, ledit article portant que « le recours au Conseil d'état n'aura point d'effet suspensif, s'il n'en est autrement ordonné; et lorsque l'avis de la commission du contentieux sera d'accorder le sursis, il en sera fait rapport au Conseil d'état, qui prononcera, »

EST D'AVIS que la question proposée se trouve résolue par cet article, puisqu'il y est formellement déclaré que le recours au Conseil d'état n'est pas suspensif. Cependant il y aurait une suspension réelle de l'exécution de la décision, si la partie au profit de qui elle a été prononcée ne pouvait procéder à cette exécution sans avoir préalablement donné caution, puisqu'alors ce ne serait qu'au moyen de la caution que cette suspension serait levée.

On doit même observer que le conseil des

prises avait reçu de l'arrêté consulaire qui
l'a établi le pouvoir de juger sans qu'il y eût
aucun recours ouvert; d'où il résulte que
l'on avait dès-lors regardé comme juste et
convenable qu'en cette matière il n'y eût aucun obstacle à l'exécution des décisions, et
que les mêmes motifs ont dû déterminer à
déclarer, par le réglement du 22 juillet 1806,
que le recours au Conseil d'état ne serait pas
suspensif, à moins qu'il n'en fût autrement
ordonné.

*Avis du Conseil d'état sur la compétence en
matière de contestations relatives à la féodalité ou non-féodalité des Rentes nationales
transférées par le Gouvernement. (Séance
du 8 mars 1808).*

Du 14 mars 1808.

Le Conseil d'état, qui, d'après le renvoi
ordonné par Sa Majesté, a entendu le rapport fait au nom des sections des finances
et de législation sur celui du ministre des

finances, présentant la question de savoir laquelle des autorités administrative ou judiciaire doit connaître des contestations élevées sur la féodalité ou non féodalité des rentes nationales transférées par le Gouvernement entre les acquéreurs et les particuliers auxquels le paiement en est demandé;

Vu, 1°. L'arrêté du 2 nivôse an VI, qui déclare que les administrations sont seules compétentes pour statuer sur la validité ou invalidité de la vente d'un domaine national;

2°. La loi du 28 pluviôse an VIII sur l'administration;

3°. L'arrêté du Gouvernement du 5 fructidor an IX, sur un conflit d'attribution entre les autorités administrative et judiciaire du département de la Somme;

4°. L'avis du Conseil d'état, approuvé par Sa Majesté le 25 thermidor an XIII, relatif aux droits féodaux dans les départements de la rive gauche du Rhin;

5°. Vu pareillement un arrêt de la cour de cassation du 12 février 1806, lequel a annullé des jugements qui avaient statué sur une contestation de l'espèce dont il s'agit;

Considérant que les tribunaux ne peuvent connaître des actes de l'administration, et notamment des actes de vente des domaines nationaux;

Mais qu'il convient de faire une distinction entre là vente d'un domaine national et le transfert d'une rente;

La vente d'un domaine national ne se fait qu'après des affiches et publications qui avertissent tous les intéressés;

Le transfert d'une rente est consommé, sans que le particulier réputé débiteur en ait pu avoir aucune connaissance;

Considérant que dans l'espèce il s'agit principalement de décider si les rentes transférées sont, ou non, entachées de féodalité;

Que l'avis du Conseil d'état, approuvé par Sa Majesté, le 25 thermidor an XIII, déclare formellement que ces sortes de contestations doivent être portées devant les tribunaux;

EST D'AVIS, 1° que toute constestation sur la féodalité ou non féodalité d'une rente nationale, soit qu'elle ait été aliénée par voie de transfert, ou qu'elle soit encore entre les mains

dé la nation, est de la compétence des tribunaux ordinaires;

2°. Que néanmoins le trésor public ne doit
être tenu à remboursement, remplacement
ou indemnité envers les porteurs de transfert, que dans le cas où ces derniers se
seront adressés préalablement à l'autorité
administrative, aux termes de la loi du 5
novembre 1790;

3°. Et que le présent avis doit être inséré
au Bulletin des lois.

*Décret sur l'exécution des Jugements rendus
au profit des Étrangers dans les matières
pour lesquelles il y a recours au Conseil
d'état.*

Du 7 février 1809.

NAPOLÉON, etc.

Sur le rapport de notre grand-juge ministre de la justice;

Considérant qu'il importe d'obvier à ce
que des étrangers qui auraient obtenu des

adjudications dans les matières pour lesquelles il y a, d'après notre décret du 22 juillet 1806, recours à notre Conseil d'état ; ne puissent, par une prompte exécution, rendre ce recours illusoire;

Notre Conseil d'état entendu,

Nous AVONS DÉCRÉTÉ et DÉCRÉTONS ce qui suit:

ART. 1er. Les jugements rendus au profit des étrangers qui auraient obtenu des adjudications dans les matières pour lesquelles il y a, d'après notre décret du 22 juillet 1806, recours à notre Conseil d'état, ne pourront être exécutés pendant le délai accordé pour ce recours, qu'autant que l'étranger aura préalablement fourni en France une caution bonne et solvable.

2. Notre grand-juge ministre de la justice est chargé de l'exécution du présent décret.

Décret relatif au mode de communication à la Commission du contentieux de pièces justificatives déposées aux archives de la Cour des comptes, dont la représentation sera jugée nécessaire dans le cas de pourvoi au Conseil d'état contre un arrêt de cette Cour.

Du 27 mars 1809.

NAPOLÉON, etc.

Sur le rapport de notre grand-juge ministre de la justice;

Notre Conseil d'état entendu,

Nous AVONS DÉCRÉTÉ et DÉCRÉTONS ce qui suit :

ART. 1er. Dans les cas de pourvoi au Conseil d'état contre un arrêt de la cour des comptes, conformément à l'article 17 de la loi d'organisation du 16 septembre 1807, lorsque la commission du contentieux pensera qu'il est nécessaire pour l'instruction de se faire représenter quelques pièces justificatives, le grand-juge en fera la demande au procureur-général impérial près la cour des comptes.

2. Le secrétaire de la commission du contentieux se transportera au greffe de la cour des comptes pour recevoir les pièces demandées, dont il sera fait par le greffier un inventaire double ; l'un sera laissé au greffier pour sa décharge, avec le reçu du secrétaire de la commission, et l'autre sera joint aux pièces communiquées.

3. Après la décision du Conseil d'état, le secrétaire de la commission rétablira les pièces au greffe de la cour des comptes, et retirera le double qu'il avait laissé au greffier avec son reçu.

4. Notre grand-juge ministre de la justice est chargé de l'exécution du présent décret.

****

Décret qui annulle, pour incompétence et fausse application de la Loi, un Arrêté pris par un Conseil de préfecture en matière de Domaines engagés.

Du 14 juin 1809.

NAPOLÉON, etc.

Vu la requête à nous présentée par le sieur *Julien-François-Joseph Thobois*, tendant à ce qu'il nous plaise annuller un arrêté du conseil de préfecture du département du Nord, lequel, statuant sur le renvoi fait par devant lui par arrêt de notre cour d'appel séant à Douai, a déclaré un domaine soumissionné par la dame *Thobois*, en exécution de la loi du 14 ventôse an VII, affranchi de toutes rentes, hypothèques et prestations quelconques, et notamment des droits de terrage dus à l'exposant ;

Vu ledit arrêté en date du 22 juillet 1808 ;

Vu l'arrêté du préfet du département du

Nord, en date du 14 brumaire an XIII, portant vente, au nom de l'État, à la dame *Thobois*, du domaine par elle soumissionné, à la charge de payer le quart de la valeur estimative dudit domaine, et, en outre, de continuer le paiement de toutes les charges auxquelles il pouvait être assujéti ;

Vu l'article 14 de la loi du 14 ventôse an VII, et les avis du Conseil d'état en date des 16 frimaire an XII et 22 messidor an XIII, ensemble les mémoires et pièces fournis par le sieur *Thobois*;

Considérant, 1° qu'il s'agissait dans l'espèce de déterminer les effets et les conséquences de l'article 14 de la loi du 14 ventôse an VII, et que cela rentrait dans les attributions des tribunaux auxquels il appartient intontestablement de connaître du sens et de l'exécution des lois, sous le rapport des contestations auxquelles elles donnent lieu entre particuliers ; que la compétence des tribunaux était d'autant moins douteuse, que l'avis de notre Conseil d'état, en date du 16 fructidor an XIII, approuvé par nous le 22 du même mois, le décidait d'une manière formelle;

Considérant, en second lieu, que s'il était question de statuer au fond, il y aurait encore lieu de réformer, sous ce rapport, l'arrêté du conseil de préfecture; qu'en effet, en déclarant le bien soumissionné par la dame *Thobois* affranchi de toutes rentes, hypothèques et prestations quelconques, il a été plus loin que la loi elle-même, qui ne porte pas une pareille disposition, assez importante néanmoins pour devoir être exprimée d'une manière formelle;

Qu'il faut donc distinguer entre les charges et les hypothèques dues par l'engagiste au domaine, au moment de la soumission, et celles dues à des tiers; que les premières ont été éteintes et confondues dans le nouveau prix du contrat intervenu entre l'État et le soumissionnaire, mais qu'il n'a été rien préjugé sur les autres, ni par l'article 14 de la loi du 14 ventôse an VII, ni par les avis du Conseil d'état des 16 frimaire an XII et 22 messidor an XIII, qui n'ont statué que dans des affaires intentées, et dans l'intérêt du domaine ;

Ouï le rapport de notre commission du contentieux ;

Notre Conseil d'état entendu,

Nous AVONS DÉCRÉTÉ et DÉCRÉTONS ce qui suit :

ART. 1er. L'arrêté du conseil de préfecture du département du Nord, en date du 22 juillet 1808, est annullé.

2. Les parties sont renvoyées devant notre cour d'appel séant à Douai, pour y procéder suivant les derniers errements.

3. Notre grand-juge ministre de la justice est chargé de l'exécution du présent décret, qui sera inséré au Bulletin des lois.

Décret qui annulle une Adjudication de Biens nationaux faite en contravention à l'article 1596 du Code Napoléon.

Du 11 avril 1810.

NAPOLÉON, etc.

Sur le rapport de notre ministre des finances ;

Vu l'article 1596 du Code Napoléon, ainsi conçu :

« Ne peuvent se rendre adjudicataires sous peine de nullité, ni par eux-mêmes ni par personnes interposées, les officiers publics, des biens nationaux dont les ventes se font par leur ministère. »

Notre Conseil d'état entendu,

Nous avons décrété et décrétons ce qui suit :

Art. 1er. L'adjudication faite le 24 janvier 1810, de deux articles de biens appartenant à la caisse d'amortissement, situés sur le territoire des communes de Diemerengen et de Lorenzen, département du Bas-Rhin, moyen-

nant la somme de trente mille cinq cents fr.,
au profit du sieur *Ferdinand Forest*, secrétaire général de la préfecture du département
du Bas-Rhin, est annullée, comme étant
contraire aux dispositions de l'article 1596
du Code Napoléon; et, en conséquence, les
biens qui en font l'objet, seront remis en
vente dans la forme ordinaire.

2. Notre ministre des finances est chargé
de l'exécution du présent décret, qui sera
inséré au Bulletin des lois.

Décret qui annulle des Arrêtés du Conseil de
préfecture du département de la Dyle, comme
consacrant une fausse interprétation de la
Loi qui détermine la largeur des Jantes des
voitures.

Du 3 mai 1810.

NAPOLÉON, etc.

Sur le rapport de notre ministre de l'intérieur;

Vu les articles 8 de la loi du 7 ventôse

an XII et de notre décret du 23 juin 1806;

Vu le procès-verbal du 12 janvier 1808, par lequel il est constaté qu'un sieur *Vandormaes*, cultivateur à Wavres, a été rencontré sur la grande route, conduisant de Wavres vers Bruxelles des grains chargés sur une de ses voitures à quatre roues à jantes étroites, et attelée de quatre chevaux;

Vu les arrêtés du conseil de préfecture du département de la Dyle, des 20 juin et 4 juillet 1809, qui déclarent qu'il n'y a pas lieu de prononcer d'amende contre le sieur *Vandormaes*, attendu que ledit procès-verbal ne constate pas de contravention en matière de surcharge;

Considérant qu'en exceptant de l'obligation des roues à jantes larges les voitures employées au transport des récoltes, la loi et le décret précités n'ont eu en vue que les voitures employées à transporter les objets récoltés depuis le lieu où ils sont recueillis jusqu'à celui où, pour les conserver, le cultivateur les dépose et rassemble;

Considérant que, dans l'espèce, le transport de grains effectué par la voiture du sieur *Vandormaes* avait pour but de les livrer à la consommation ou au commerce ; que l'exception relative aux roues à jantes larges, prononcée par l'article 8 de la loi du 7 ventôse an XII, n'est point applicable à ce cas ;

Notre Conseil d'état entendu,

Nous avons décrété et décrétons ce qui suit :

Art. 1er. Les arrêtés précités du conseil de préfecture du département de la Dyle, des 20 juin et 4 juillet 1809, sont annullés.

2. Il sera de nouveau statué, conformément aux lois, sur la contravention constatée par le procès-verbal du 12 janvier 1808, ci-dessus désigné.

3. Notre ministre de l'intérieur est chargé de l'exécution du présent décret, qui sera inséré au Bulletin des lois.

Décret portant que le mode établi pour le recouvrement du Débet des comptables, est commun à leurs agents ou préposés, lorsque ceux-ci ont fait personnellement la recette des deniers publics.

Du 12 janvier 1811.

NAPOLÉON, etc.

Sur le rapport de notre ministre du trésor public, tendant à faire décider si ceux qui ont pris part à la manutention des deniers publics, comme comptables indirects ou agents des comptables directs, doivent, en cas de débet et de détournement de deniers, constatés selon les formes employées à l'égard des comptables directs, être, comme eux, poursuivis et contraints par corps, sur l'ordre de notre ministre du trésor public, et à la diligence de l'agent judiciaire;

Vu les lois des 12 vendémiaire et 13 frimaire an VIII, l'arrêté du Gouvernement du 18 ventôse suivant, qui règle un mode de poursuites pour le recouvrement du débet des comptables ;

Vu aussi l'arrêté du 28 floréal an XI, qui autorise le ministre du trésor à prendre tous arrêtés exécutoires contre les préposés des payeurs généraux, dans les cas prévus par les lois susdatées, sans préjudice des droits et actions du trésor public contre lesdits payeurs généraux ;

Notre Conseil d'état entendu,

Nous avons décrété et décrétons ce qui suit :

Art. 1er. Le mode de poursuites réglé par les lois des 12 vendémiaire et 13 frimaire an VIII, et par les arrêtés du Gouvernement des 18 ventôse an VIII et 28 floréal an XI, pour le recouvrement du débet des comptables, est déclaré commun à tous agents ou préposés des comptables directs du trésor public, lorsque ces mêmes agents ou préposés ont fait personnellement la recette des deniers publics.

2. Notre ministre du trésor public est chargé de l'exécution du présent décret, qui sera inséré au Bulletin des lois.

****

Décret qui annulle un arrêté par lequel le Préfet de la Seine a revendiqué la connaissance d'une Contestation relative à une inscription hypothécaire, prise en vertu d'un acte de remplacement de Conscrit fait par ce Préfet.

Du 29 mai 1811.

NAPOLÉON, etc.

Sur le rapport de notre grand-juge ministre de la justice;

Vu l'arrêté du préfet de la Seine, du 19 février dernier, par lequel il revendique, pour cause de compétence administrative, l'affaire pendante par appel à la cour impériale de Paris, entre le sieur *Penavère*, poursuivant ordre et distribution du prix de deux maisons situées à Paris, et vendues sur le sieur *Boursier*, d'une part, et les créanciers inscrits sur ledit sieur *Boursier*, d'autre part;

Vu le jugement du tribunal de première instance de la Seine, du 30 août 1810, qui, entre autres dispositions; rejette de l'ordre la collocation faite au profit du sieur *Roulot*, sur le motif que son titre, bien qu'authentique, n'a point été passé par devant notaire, et n'a pu, quoiqu'inscrit, conférer l'hypothèque conventionnelle;

Vu l'arrêt de la cour impériale de Paris, du 14 mars dernier, par lequel elle surseoit à faire droit sur l'appel jusqu'à la décision à intervenir sur le conflit;

Vu l'acte de remplacement du 13 septembre 1806, fait par le préfet, et par lequel le sieur *Bourster* s'engage à payer au sieur *Roulot* la somme de quatre mille quatre cents francs, pour sûreté de laquelle il affecte et hypothèque une maison située à Paris; lequel acte a été inscrit au bureau des hypothèques à Paris, le 4 octobre suivant;

Considérant que, pour acquérir l'hypothèque conventionnelle, le sieur *Roulot* devait faire passer l'acte dont il s'agit par devant notaire, et que, dans tous les cas, l'affaire était du ressort des tribunaux;

Notre Conseil d'état entendu,

Nous avons décrété et décrétons ce qui suit :

ART. 1er. L'arrêté du préfet de la Seine, du 19 février dernier, est annullé.

2. Notre grand-juge ministre de la justice est chargé de l'exécution du présent décret, qui sera inséré au Bulletin des lois.

~~~~~~~~~~~~~~~~~~

Décret portant rejet d'une Requête à fin de révision d'un Décret impérial rendu en matière contentieuse, contradictoirement avec le requérant.

Du 3 octobre 1811.

NAPOLÉON, etc.

Sur le rapport de notre commission du contentieux,

Vu la requête du sieur *Geoffroy Schmitz*, du 2 décembre 1808, et celle du 9 novembre 1810, par laquelle le requérant nous demande la révision de notre décret impérial du 31 mai 1807, confirmatif d'un arrêté de conseil de préfecture du département de Rhin et Moselle, lequel a déclaré qu'une certaine portion de bois et broussailles ne faisait point partie de l'adjudication des biens de la commanderie de Muffendorff, dont ledit *Geoffroy Schmitz* s'est rendu acquéreur;

Considérant que le décret impérial du 31 mai 1807 a été rendu contradictoirement avec le sieur *Schmitz;*

Que la demande en révision qu'il a présentée, n'est pas recevable, aux termes de l'article 32 du décret du 22 juillet 1806;

Qu'elle ne pourrait l'être, suivant cet article, qu'autant que le susdit décret aurait été rendu sur pièces fausses, ou par le défaut de représentation d'une pièce décisive retenue par l'adversaire du demandeur, ce qui n'est pas même allégué dans l'espèce actuelle;

Qu'une semblable demande tend à renouveler l'exercice de l'action anciennement connue sous le nom de *proposition d'erreur,* action proscrite par l'article 42 du titre V de l'ordonnance de 1667, par le Code de procédure civile, et par les règlements en matière contentieuse devant le Conseil d'état;

Que les seuls cas où la loi ait autorisé la révision d'un procès, sont ceux que les articles 443 et 444 du Code d'instruction criminelle ont spécialement prévus, et que cette loi d'exception et de faveur, introduite en matière criminelle seulement, ne saurait, sans de graves inconvénients, être étendue aux affaires civiles;

Notre Conseil d'état entendu,

Nous AVONS DÉCRÉTÉ et DÉCRÉTONS ce qui suit:

ART. 1er. Le sieur *Geoffroy Schmitz* est déclaré non recevable dans sa demande, et sa requête est rejetée.

2. Défenses sont faites aux avocats près notre Conseil d'état de signer à l'avenir de semblables requêtes, sous les peines portées par les réglements.

3. Notre grand-juge ministre de la justice et notre ministre des finances sont chargés, chacun en ce qui le concerne, de l'exécution du présent décret, qui sera inséré au Bulletin des lois.

,,,,,,,,,,,,,,,,,,,,

Décret qui, en autorisant les dérivations d'un Cours d'eau et l'établissement d'un Moulin construit sur ce cours d'eau par le sieur Loison, ordonne que ledit Loison sera poursuivi pour raison des contraventions par lui commises, tant en altérant les prises d'eau, qu'en faisant construire ses usines sans autorisation légale.

Du 12 novembre 1811.

NAPOLÉON, etc.

Sur le rapport de notre ministre de l'intérieur;

Vu l'avis de notre Conseil d'état, approuvé par nous le 7 mars 1808;

Vu l'arrêt de notre cour d'appel d'Amiens, en date du 13 février 1811;

Notre Conseil d'état entendu,

Nous AVONS DÉCRÉTÉ et DÉCRÉTONS ce qui suit:

ART. 1er. L'établissement du moulin construit dans la commune de Montaterre, département de l'Oise, par le sieur *Loison* (au point *H* du plan), sur le cours d'eau traversant ses propriétés, et alimenté par la prise faite dans la rivière du Thérain, au point *C*, ainsi que les dérivations dudit cours d'eau par les points *DD*, sont autorisés et maintenus.

2. Néanmoins, et attendu les contraventions commises à diverses reprises par le sieur *Loison*, tant en altérant les prises d'eau, qu'en faisant construire ses usines sans autorisation légale, ledit sieur *Loison* est renvoyé par devant notre procureur général impérial près la cour impériale d'Amiens, pour être poursuivi conformément aux lois et réglements.

3. Le sieur *Loison* sera tenu de rendre l'eau à la sortie de sa propriété, dans son ancien cours d'eau vers Montaterre, sans qu'il lui soit permis d'ouvrir d'autres prises que celles actuelles.

4. Le concessionnaire sera tenu de construire à ses frais, à l'emplacement actuel de son ancienne prise, un pertuis solide, en maçonnerie ou en charpente, qui aura deux

mètres quatre-vingt-douze centimètres de largeur entre ses bajoyers, sur un radier dont la plate-forme sera établie à deux mètres cinquante-quatre centimètres en contre-bas du repère ci-après désigné.

5. Il sera marqué et gravé, aux frais du sieur *Loison*, d'après l'indication de l'ingénieur, deux repères, l'un à l'angle de la cage du moulin à foulon du sieur *Dastier*, un mètre quatre-vingt-treize centimètres en contre-bas du déversoir du sieur *Dastier*; l'autre repère sera au même niveau que le précédent, et sera placé à l'angle du moulin du sieur *Loison*.

6. Les vannes de décharge du sieur *Loison* et celles mouloires de son moulin seront réglées à leur sommet, de manière qu'étant entièrement fermées, elles ne puissent excéder la hauteur du déversoir du sieur *Dastier*.

Le sieur *Loison* ne pourra faire écouler l'eau par ses vannes de décharge ou par l'une d'elles seulement, que lorsque les vannes mouloires de son moulin seront entièrement fermées.

7. Le concessionnaire ne pourra en aucun temps, ni sous aucun prétexte, réclamer in-

demnité pour chômage de son usine, envers le sieur *Dastier* ou ses ayant-cause, attendu que les retenues du moulin *Dastier*, sans lesquelles le sieur *Loison* ne peut avoir de chûte, existaient et continueront d'exister, indépendamment de celle du sieur *Loison*, qui se trouve dépendre absolument de la retenue du sieur *Dastier* : celui-ci continuera d'avoir la faculté de la détruire ou d'en baisser la hauteur à sa volonté.

8. Cependant, s'il arrivait que cette chûte fût supprimée par le sieur *Dastier* ou ses successeurs, le sieur *Loison* ou ses ayant-cause pourront alors construire, à leurs frais, un barrage avec vannes de décharge, vis-à-vis de leurs propriétés, pour maintenir l'eau à la hauteur ci-devant prescrite.

9. Enfin, pour l'exécution entière et parfaite du pertuis ordonné, le sieur *Dastier* sera tenu, s'il est besoin, de mettre ses moulins en chômage, sauf une juste indemnité qui lui sera payée, à dire d'experts, par le sieur *Loison* : ce dernier ne pourra, au surplus, mettre son moulin en activité que lorsque

les travaux ci-dessus prescrits auront été reçus par les ingénieurs.

10. Le sieur *Dastier* sera tenu, en outre, d'enlever les attérissements que ses constructions auraient amoncelés dans le canal, au-dessous des poncelets, lorsqu'elles auront été dûment constatées.

11. Pour pouvoir maintenir en intégrité la largeur et les bords de la rivière du Thérain et les vérifier au besoin, les sieurs *Dastier* et *Loison* y feront planter et sceller à leurs frais, chacun de leur côté, cinq bornes en pierres de taille, conformément au plan annexé.

12. Il n'y a lieu à statuer sur les entreprises faites par le sieur *Loison*, relativement aux poncelets *LM*, dont la propriété a été établie par l'arrêt de notre cour d'appel d'Amiens.

Le sieur *Dastier* est maintenu dans tous les droits résultant dudit arrêt, tant en ce qui concerne les dommages et intérêts qu'il peut avoir à exiger contre les auteurs des susdites entreprises, qu'en ce qui concerne les travaux à exécuter pour l'avenir.

Il est réservé à la commune de Montaterre
de faire valoir également les droits qu'elle
pourrait avoir à la pleine conservation de
l'abreuvoir situé entre les deux poncelets.

13. Aussitôt la confection des ouvrages,
il en sera dressé procès-verbal, aux frais du
concessionnaire, par l'ingénieur d'arrondissement : un double en sera remis au secrétariat de la préfecture, et copie aux archives
de la municipalité du lieu, pour y avoir recours
au besoin.

14. Dans aucun cas, ni sous aucun prétexte, il ne pourra être prétendu indemnité,
chômage ni dédommagement par le concessionnaire ou ses ayant-cause, par suite des
dispositions que le Gouvernement jugera convenable de faire pour l'avantage de la navi-
gation, du commerce ou de l'industrie, sur
le cours d'eau où se trouve situé ledit moulin, même en cas de démolition.

15. Les plan et nivellement dressés par les
ingénieurs des ponts et chaussées le 20 octobre 1808, seront annexés au présent décret.

16. Notre grand-juge ministre de la justice

et notre ministre de l'intérieur sont chargés, chacun en ce qui le concerne, de l'exécution du présent décret, qui sera inséré au Bulletin des lois.

~~~~~~~~~~~~~~~~

Avis du Conseil d'état sur une requête de la commune de Brest, tendant à faire annuller comme incompétent un arrêt rendu par la Cour d'appel de Rennes, dans une cause entre cette commune et les héritiers Thomas Lemayer-de-la-Villeneuve. (Séance du 5 Novembre 1811.

Du 12 Novembre 1811.

Le Conseil d'état, qui, d'après le renvoi ordonné par Sa Majesté, a entendu le rapport de la commission du contentieux sur une requête de la commune de Brest, tendant à ce qu'il plaise à Sa Majesté,

1° Casser et annuller comme incompétent, un arrêt rendu par la cour d'appel de Rennes, le 4 juillet 1808, dans la cause en instance entre ladite commune et les héritiers *Thomas Lemayer-de-la-Villeneuve;*

2° En conséquence, ordonner que les lettres-patentes des 15 mars et 10 avril 1685, portant réunion du domaine de Traonjoli à la commune de Brest, ainsi que l'arrêt du Conseil du 24 mars 1698, qui a réglé l'indemnité due pour ladite réunion à *Thomas Lemayer-de-la-Villeneuve*, propriétaire originaire dudit domaine, seront exécutés selon leur forme et teneur, et qu'en exécution desdites lettres-patentes et arrêt du Conseil, la commune de Brest sera maintenue dans la possession des diverses parties du domaine de Traonjoli réunies à la ville, avec défenses aux héritiers *Lemayer* et à tous autres de l'y troubler;

Vu l'arrêt de la cour d'appel de Rennes, du 4 juillet 1808;

Vu un arrêt de la cour de cassation, du 24 octobre 1809, portant qu'il sera sursis à statuer sur le pourvoi de la commune de Brest envers l'arrêt de la cour de Rennes, jusqu'à ce qu'il ait été prononcé par le Conseil d'état sur la question de savoir si l'affaire dont il s'agit est de la compétence de l'autorité administrative;

Vu les mémoires produits par les héritiers *Lemayer*, lesquels soutiennent que la cour de Rennes était compétente pour statuer sur la question qui lui était soumise;

Considérant que, si, par les dispositions de l'article 3 de la loi du 7 octobre 1790, de l'article 27 de la loi du 21 fructidor an III, et de l'article 11 de l'arrêté du 5 nivôse an VIII, c'est au Gouvernement qu'il appartient de prononcer sur la compétence des tribunaux ou des corps administratifs; cette règle n'est applicable néanmoins qu'aux seuls cas où il existe un conflit *positif* résultant de la revendication faite par l'autorité administrative, qu'un conflit *négatif* résultant de la déclaration faite par les autorités judicia   et administratives, que l'affaire n'est pas   leurs attributions respectives;

Que, hors de ces cas, l'autorité supérieure dans la hiérarchie, soit judiciaire, soit administrative, doit prononcer sur les exceptions d'incompétence qui lui sont présentées, et qu'ainsi la cour de cassation a le droit d'annuller les arrêts et jugements qui auraient

7.

violé les règles sur la compétence, comme
les autres lois dont la garde et la conservation sont confiées à cette cour;

Que dans l'affaire de la commune de Brest
contre les héritiers *Lemayer*, il n'existait aucun conflit ni positif ni négatif, mais seulement la commune avait proposé contre l'arrêt
de la cour d'appel de Rennes, des moyens
d'incompétence sur lesquels la cour de cassation est autorisée à prononcer, en statuant
sur l'admission ou sur le rejet du pourvoi;

Que l'arrêt de sursis prononcé par cette
cour n'a pu la dépouiller d'un droit de juridiction qui lui appartient essentiellement,
puisqu'en pareille circonstance le Gouvernement lui-même lui a renvoyé la connaissance
de jugements qui paraissaient contraires aux
règles de compétence, ainsi que cela résulte
d'un arrêté du 2 germinal an V, inséré au
Bulletin des lois,

Est d'avis qu'il n'y a lieu de prononcer
sur la requête de la commune de Brest, et
de faire droit à l'arrêt de renvoi rendu par
la cour de cassation, devant laquelle la com-

mune devra se retirer, pour faire statuer sur tous les moyens présentés à l'appui de son pourvoi, contre l'arrêt de la cour d'appel de Rennes, du 4 juillet 1808;

Et que le présent avis soit inséré au Bulletin des lois.

****

Avis du Conseil d'état sur la question de savoir si les Arrétés des Préfets, fixant les débets des comptables des Communes et des Etablissements publics, sont exécutoires sur les biens de ces comptables sans l'intervention des Tribunaux. (Séance du 12 Novembre 1811.)

Du 24 mars 1812.

Le Conseil d'état, qui, d'après le renvoi ordonné par Sa Majesté, a entendu le rapport de la section de l'intérieur sur celui du ministre de ce département, ayant pour objet de faire examiner si les arrêtés des préfets, fixant les débets des comptables des communes et des établissements publics, sont exécutoires sur les biens meubles et immeubles desdits comptables sans l'intervention des tribunaux;

Vu l'avis du Conseil d'état du 16 thermidor an XII, approuvé le 25;

Vu l'avis du 29 octobre dernier, approuvé par Sa Majesté le 12 novembre suivant,

EST D'AVIS que les dispositions contenues en ces deux actes sont applicables aux arrêtés des administrateurs par lesquels les débets des comptables des communes et des établissements publics sont fixés;

Que le présent avis soit inséré au Bulletin des lois.

(Suivent les deux Avis du Conseil d'état visés dans celui qui précède).

Du 16 Thermidor an XII.

Le Conseil d'état, après avoir entendu le rapport des sections de législation et des finances, sur le renvoi qui leur a été fait de celui du ministre du trésor public, présentant la question de savoir si le paragraphe 2 de l'article 3 de la loi du 11 brumaire an VII sur le régime hypothécaire, et l'article 2123 du Code civil des Français, qui accordent l'hypothèque aux *condamnations judiciaires*, à la charge d'inscription, s'appliquent aux actes émanés de *l'autorité administrative;*

Considérant que les administrateurs auxquels les lois ont attribué, pour les matières qui y sont désignées, le droit de prononcer des condamnations ou de décerner des contraintes, sont de véritables juges, dont les actes doivent produire les mêmes effets et obtenir la même exécution que ceux des tribunaux ordinaires ;

Et que ces actes ne peuvent être l'objet d'aucun litige devant les tribunaux ordinaires, sans troubler l'indépendance de l'autorité administrative, garantie par les constitutions de l'Empire français, .

Est d'avis,

1° Que les condamnations et les contraintes émanées des administrateurs, dans les cas et pour les matières de leur compétence, emportent hypothèque de la même manière et aux mêmes conditions que celles de l'autorité judiciaire;

2° Que, conformément aux articles 2157 et 2159 du Code civil des Français, la ra diation non consentie des inscriptions hypo- thécaires faites en vertu de condamnations prononcées ou de contraintes décernées par l'autorité administrative, doit être poursuivie devant les tribunaux ordinaires; mais que, si le fond du droit y est contesté, les parties doivent être renvoyées devant l'autorité ad- ministrative.

Du 29 Octobre 1811.

Le Conseil d'état, qui, d'après le renvoi ordonné par Sa Majesté, a entendu le rap- port de la section des finances sur celui du ministre de ce département, présentant la question de savoir s'il peut être pris inscrip- tion hypothécaire en vertu des contraintes que l'article 32 de la loi du 22 août 1791, autorise l'administration des douanes à dé- cerner, pour le recouvrement des droits dont il est fait crédit, et pour défaut de rapport des certificats de décharge des acquits-à-cau- tion;

Vu, 1° les articles 32 et 33 de la loi précitée ;

2° L'avis du Conseil d'état, approuvé par
Sa Majesté le 25 thermidor an XII, duquel
il résulte que « les administrateurs auxquels
« les lois ont attribué, pour les matières qui
« y sont désignées, le droit de prononcer les
« condamnations ou de décerner des con-
« traintes, sont de véritables juges, dont les
« actes doivent produire les mêmes effets et
« obtenir la même exécution que ceux des
« tribunaux ordinaires ;

« Qu'en conséquence, les condamnations
« et les contraintes émanées des administra-
« teurs, dans les cas et pour les matières de
« leur compétence, emportent hypothèque
« de la même manière et aux mêmes condi-
« tions que celles de l'autorité judiciaire ; »

Considérant que la question proposée par
le ministre est décidée par l'avis précité ; mais
que cet avis n'a point été inséré au Bulletin
des lois, et qu'il est nécessaire de lui donner
la publicité légale, afin que les parties intéressées en aient connaissance,

EST D'AVIS que des ordres soient donnés par Sa Majesté pour que l'avis du Conseil, approuvé le 25 thermidor an XII, soit inséré au Bulletin des lois.

~~~~~~~~~~~~~~~

Décret portant annullation, pour cause d'in-compétence, d'un Arrêté par lequel le Préfet du département du Cantal avait ordonné la démolition d'une Digue construite par un particulier à travers la rivière de Cère.

Du 12 avril 1812.

NAPOLÉON, etc.

Sur le rapport de notre commission du contentieux;

Vu la requéte du sieur *Royre*, tendant à ce qu'il nous plaise annuller un arrêté du préfet du département du Cantal, du 30 mai 1811, qui, sur la plainte de plusieurs rive-rains, et sur les rapports de l'ingénieur or-dinaire et de l'ingénieur en chef des ponts et chaussées, ordonne la démolition d'une digue que ledit sieur *Royre* a construite à travers la rivière de Cère, et qui forme barrage permanent pour la pêche de ladite rivière;

Vu ledit arrêté;

Vu les pièces produites par le sieur *Royre* à l'appui de sa requête;

Vu les observations et les pièces adressées par le préfet du Cantal à l'appui de son arrêté;

Considérant que la rivière de Cère n'est point navigable;

Que, par l'avis de notre Conseil d'état, approuvé le 30 pluviôse an XIII, et inséré au Bulletin des lois, la pêche des rivières non navigables appartient aux propriétaires riverains, en se conformant aux lois et réglemens;

Que, par l'avis de notre Conseil d'état du 24 ventôse an XII, et non inséré au Bulletin des lois, « les contraventions aux régle-
« mens de police sur les rivières non navi-
« gables, canaux et autres petits cours d'eau,
« doivent, selon les dispositions du Code civil
« et les lois existantes, être portées, suivant
« leur nature, devant les tribunaux de police

« municipale ou correctionnelle; et les con-
« testations qui intéressent les propriétaires,
« devant les tribunaux civils; »

Que la loi du 14 floréal an XI n'attribue
à l'autorité administrative que les mesures
relatives au curage des canaux et rivières non
navigables, à l'entretien des digues et ouvrages d'art qui y correspondent, au rôle de
répartition et au recouvrement des sommes
nécessaires au paiement des travaux d'entretien, réparations ou reconstructions;

Qu'il ne s'agit, dans l'espèce, que d'une
digue nouvelle, dont l'effet serait d'attribuer
au sieur *Royre* la pêche exclusive du saumon
et des autres poissons qui remontent la rivière de Cère, au préjudice des propriétaires
riverains;

Notre Conseil d'état entendu,

Nous AVONS DÉCRÉTÉ et DÉCRÉTONS ce qui
suit:

ART. 1ᵉʳ L'arrêté du préfet du Cantal, du
30 mai 1811, est annullé pour cause d'incompétence, et les parties renvoyées à se
pourvoir devant les tribunaux.

2. Notre grand-juge ministre de la justice et notre ministre de l'intérieur, sont chargés, chacun en ce qui le concerne, de l'exécution du présent décret, qui sera inséré au Bulletin des lois.

~~~~~~~~~~~~~~~~~~~~

Décret qui statue sur le Pourvoi de la commune de Caudeval, contre un arrêté du conseil de préfecture du département de l'Aude, lequel n'avait pas été notifié à cette commune par le sieur Rouvairolis, sa partie adverse.

Du 17 avril 1812.

NAPOLÉON, etc.

Sur le rapport de notre commission du contentieux;

Vu la requête de la commune de Caudeval, département de l'Aude, dans laquelle ladite commune, représentée par son maire, conclut à ce qu'il nous plaise dire et ordonner qu'elle sera reçue appelante d'un arrêté du conseil de préfecture dudit département, sous la date du 17 août 1807, lequel ne lui a pas été notifié par le sieur *Rouvairolis*, sa partie adverse;

Et, sans nous arrêter ni avoir égard audit arrêté, qui sera regardé comme nul et non avenu, faisant droit sur son appel, et vu le registre des commissaires nommés pour rechercher et vérifier les biens qui pourraient avoir été enlevés à la commune, ensemble les pièces produites par elle, ordonner que les articles 1, 2 et 4 du susdit registre seront maintenus en entier;

Qu'il ne sera distrait de l'article 29 qu'une contenance de dix-sept cent quatre-vingts ares, et que le surplus, consistant en trois mille deux cent cinquante-cinq ares en bois, demeurera définitivement biens communaux;

Et que les habitants de la commune seront maintenus dans leurs droits de dépaissance sur les biens dudit sieur *Rouvairolis*;

Vu la requête du sieur *Rouvairolis*, dans laquelle il soutient, dans la forme, que, d'après l'article 11 du réglement du 22 juillet 1806, la commune de Caudeval est non re-

cevable dans son opposition au susdit arrêté
du conseil de préfecture, attendu qu'elle a
laissé passer plus de trois mois depuis l'époque où elle l'avait reçu d'envoi du sous-préfet,
et que d'ailleurs il y avait eu commencement
d'exécution dans la partie de l'arrêté relative
aux chemins ruraux;

Le sieur *Rouvairolis* soutient de plus, au
fond, et en tant que besoin serait, que le
susdit arrêté du conseil de préfecture doit
être confirmé, attendu qu'il le maintient dans
la libre jouissance et propriété de biens et
terres qu'il a justifié lui appartenir;

Considérant, sur la fin de non recevoir,
que le sieur *Rouvairolis* n'a point fait notifier
au maire de Caudeval l'arrêté du conseil de
préfecture mentionné ci-dessus;

Que si l'envoi par les autorités supérieures
aux autorités inférieures suffit pour rendre
exécutoires les actes purement admnistratifs,
il n'en est pas de même quand il s'agit d'arrêtés d'un conseil de préfecture statuant sur
la propriété;

Que de tels arrêtés sont des jugements, et

quo la prescription ou la force de la chose jugée ne peut être utilement opposée que tout autant que la partie qui oppose cette exception les a régulièrement signifiés, et dans les délais après la signification, fixés par les lois et réglements;

Que le commencement d'exécution donné au susdit arrêté, en ce qui concerne les chemins ruraux, n'a jamais pu laisser croire que la commune entendait l'exécuter dans toutes les autres dispositions, puisque trois jours après l'avoir connu, elle prit une délibération dans laquelle elle consigna l'intention où elle était de se pourvoir;

Considérant, au fond, qu'il s'agit de savoir si la commune de Caudeval et le sieur *Rouvairolis* est propriétaire des terrains contestés;

Si la commune est ou n'est pas fondée à exercer un droit de dépaissance sur les biens dudit *Rouvairolis*;

Et que de telles contestations, portant sur la propriété, sont du ressort des tribunaux ordinaires;

Considérant enfin que les dispositions du

susdit arrêté du conseil de préfecture, relatives aux dégradations et empiétements faits ou prétendus faits sur des chemins ruraux, doivent être maintenues, attendu que de telles dispositions étant essentiellement administratives sont de la compétence des conseils de préfecture;

Notre Conseil d'état entendu,

Nous AVONS DÉCRÉTÉ et DÉCRÉTONS ce qui suit :

ART. 1er. La fin de non recevoir opposée par le sieur *Rouvairolis* à la commune de Caudeval, est rejetée.

2. L'arrêté du conseil de préfecture du département de l'Aude, sous la date du 17 août 1807, est confirmé dans celles de ses dispositions qui statuent sur les dégradations et empiétements faits ou prétendus faits sur des chemins ruraux.

3. Le susdit arrêté est annullé dans celles de ses dispositions qui statuent sur la question de propriété des terrains litigieux entre le sieur *Rouvairolis* et la commune de Caudeval.

4. Si la commune se croit fondée à défendre des droits de propriété ou de dépaissance sur les terrains dont il s'agit, elle se
pourvoira devant le conseil de préfecture et
dans les formes légales, en autorisation de
plaider.

Dans ce cas, le préfet du département
communiquera la demande de la commune
à trois jurisconsultes; et leur avis sera trans-
mis au conseil de préfecture, avant qu'il
statue.

5. Notre grand-juge ministre de la justice,
et notre ministre de l'intérieur, sont chargés,
chacun en ce qui le concerne, de l'exécution
du présent décret, qui sera inséré au Bulletin des lois.

•••••••••••••••••

Décret qui déclare les dames de Montfermeil
*recevables dans leur opposition à un Décret
du 4 Novembre 1811.*

Du 2 juillet 1812.

NAPOLÉON, etc.

Sur le rapport de notre commission du
contentieux;

Vu la requête à nous présentée par la dame
de Beaumanoir, veuve du sieur *Hocquart de
Montfermeil,* et la demoiselle *Hocquart de
Montfermeil,* sa fille, tendant à ce qu'il nous
plaise leur donner acte de l'opposition qu'elles
forment à notre décret du 4 novembre 1811,
et, y faisant droit, remettre les parties au même
état qu'elles étaient avant ladite décision; en
conséquence, confirmer l'arrêté du conseil
de préfecture du département de Seine-et-
Oise, en date du 27 mai précédent, et condamner la dame *Caillaut,* en ladite qualité
qu'elle agit, aux frais du pourvoi;

Vu notre décret du 4 novembre 1811;

Vu les dispositions de notre réglement du

8

22 juillet 1806 sur les décisions du Conseil d'état rendues par défaut;

Notre Conseil d'état entendu,

Nous avons décrété et décrétons ce qui suit:

Art. 1er. Les dames *de Montfermeil* sont recevables de leur opposition.

2. Notre grand-juge ministre de la justice est chargé de l'exécution du présent décret, qui sera inséré au Bulletin des lois.

....

Décret portant que des plaintes et dénoncia-tions dirigées contre les Administrateurs d'un bureau de bienfaisance de Paris, seront ren-voyées au Conseil d'état, pour qu'il décide s'ils doivent ou non être poursuivis devant les Tribunaux.

Du 14 juillet 1812.

NAPOLÉON, etc.

Sur le rapport de notre ministre de l'in-térieur;

Vu l'art. 75 de la constitution de l'an VIII;

Vu la décision de notre Conseil d'état, du

19 brumaire an XI, relative aux administrateurs de l'hospice civil de Bruxelles;

Considérant que les dispositions de l'article 75 de la constitution de l'an VIII, qui concernent les agents du Gouvernement, ont été appliquées aux administrations des secours publics; qu'en conséquence, les membres des bureaux de bienfaisance ne peuvent être poursuivis à raison des actes relatifs à l'exercice de leurs fonctions, sans autorisation donnée en notre Conseil d'état;

Notre Conseil d'état entendu,

Nous AVONS DÉCRÉTÉ et DÉCRÉTONS ce qui suit:

ART. 1ᵉʳ. Les plaintes et dénonciations dirigées contre les administrateurs du bureau de bienfaisance de la division de l'Arsenal de notre bonne ville de Paris, seront renvoyées, dans les formes prescrites, à l'examen de notre Conseil d'état, afin qu'il puisse y être décidé, conformément à l'article 75 de la constitution de l'an VIII, si lesdits administrateurs doivent ou non être poursuivis devant les tribunaux.

2. Notre grand-juge ministre de la justice et notre ministre de l'intérieur sont chargés de l'exécution du présent décret, qui sera inséré au Bulletin des lois.

Décret portant annullation, pour cause d'in-compétence, d'un Arrêt du Conseil de pré fecture de la Haute-Saône, en tant qu'il détermine, d'après d'anciens titres et des coutumes ou convenances locales, les limites d'un bien vendu par l'Etat.

Du 20 juin 1812.

NAPOLÉON, etc.

Sur le rapport de notre commission du contentieux;

Vu la requête du sieur *Naissant*, tendant à ce qu'il nous plaise annuller un arrêté du conseil de préfecture de la Haute-Saône, du 6 août 1810, qui détermine, au préjudice du requérant, les limites d'un jardin et des autres aisances d'un moulin vendu par l'Etat au sieur *Richard*, son auteur;

Vu les titres produits à l'appui de ladite requête, savoir:

1º Le bail dudit moulin, en date du 8 mai 1784,

2º Le procès-verbal d'expertise, en date du 17 septembre 1790,

3º Le procès-verbal d'adjudication, du 22 mars 1791,

4º Notre décret du 11 décembre 1808, qui décide, dans une contestation entre les sieurs *Naissant* et *Minotte*, que la digue ou chaussée qui soutient les eaux de la rivière dans la baie dudit moulin, fait partie de ladite adjudication;

Vu la requête en réponse de la commune de Magny-Vernois, et les titres à l'appui, savoir:

1º Un plan d'aménagement des bois communaux de 1748,

2º Un acte de dénombrement de 1764,

3º Le bail d'un terrain communal affermé au sieur *Naissant*, le 16 fructidor an VIII, en continuation d'un bail antérieur, du 13 novembre 1793;

Vu l'arrêté du conseil de préfecture, du 6 août 1810, et les actes préparatoires, savoir :

1° Le plan et le procès-verbal de l'arpenteur forestier *Jean Mougin*, des 12 et 13 septembre 1809,

2° L'avis du sous-préfet de Lure, du 30 janvier 1810 ;

Considérant que le moulin, composé de trois tournants, les deux ribes, l'huilerie, le logement du meunier, le grangeage et l'écurie, le jardin et les digues ou chaussées mesurées d'après leurs bases, sont explicitement désignés, soit dans le procès-verbal du 17 septembre 1790, soit dans le procès-verbal d'adjudication du 22 mars 1791, soit dans notre décret du 11 décembre 1808 ; que lesdits bâtiments, terrains et ouvrages ont été reconnus au plan du 13 septembre 1809, et déterminés dans l'arrêté du 6 août 1810, sous les lettres *A, B, C, D, N, T, V, X,* conformément auxdits procès-verbaux et décret ;

Qu'il n'en est pas ainsi des limites du jardin et du reste des aisances et dépendances de l'usine ; que les procès-verbaux d'exper-

tise et d'adjudication ne fixent point ces limites, et ne désignent ces aisances et dépendances qu'en nom collectif, telles que le fermier
de l'usine en a dû jouir d'après le bail de 1784,
sans aucune garantie de mesure; que le conseil de préfecture ne les détermine que d'à-
près des titres anciens et des coutumes ou
convenances locales dont l'interprétation appartient aux tribunaux;

Qu'il a excédé, en ce point, les bornes de
sa compétence, d'autant plus qu'il s'agissait,
dans l'instance de la commune de Magny-
Vernois, d'usurpations faites par le sieur
Naissant sur les communaux, avant et après
l'adjudication de 1791, non seulement en ses
qualités successives de fermier et de propriétaire d'un terrain limitrophe, mais aussi comme
fermier d'un terrain communal, en vertu des
baux de 1793 et de l'an VIII, et que la commune appuyait sa demande sur ces baux et
sur d'anciens titres de 1748 et 1764;

Notre Conseil d'état entendu,

Nous avons décrété et décrétons ce qui
suit:

ART. 1er. L'arrêté du conseil de préfecture est confirmé, en tant qu'il déclare que le moulin, les trois tournants, les deux ribes, l'huilerie, le logement du meunier, le grangeage avec écurie, le jardin et les digues ou chaussées, cotés au plan du 13 septembre 1809 des lettres *A, B, C, D, N, T, V, X,* font partie de l'adjudication du 22 mars 1791.

Il est annullé, en ce qu'il détermine les limites du jardin et des autres aisances et dépendances de l'usine, d'après d'anciens titres et des coutumes ou convenances locales dont l'interprétation appartient aux tribunaux, devant lesquels les parties sont renvoyées à cet effet.

2. Notre grand-juge ministre de la justice, et notre ministre de l'intérieur, sont chargés, chacun en ce qui le concerne, de l'exécution du présent décret, qui sera inséré au Bulletin des lois.

Décret portant rejet de la demande d'un Rece-
veur particulier d'arrondissement, tendant
à être relevé de la responsabilité du débet
d'un ex-percepteur.

Du 20 septembre 1812.

NAPOLÉON, etc.

Sur le rapport de notre ministre des finances,
tendant à rejeter la demande du receveur particulier de *Lavaur*, ayant pour objet d'être
déchargé de la responsabilité du débet du
sieur *Sudre*, percepteur des contributions des
communes dont le chef-lieu est fixé à Argans,
montant à une somme de deux mille cent
vingt-six francs soixante-sept centimes, sur
l'exercice 1810;

Considérant que ce comptable n'a pas
exercé la surveillance qui lui était prescrite,
et qu'il n'a pas employé, en temps utile, tous
les moyens de poursuites que la loi mettait
à sa disposition ;

Notre Conseil d'état entendu,

8.

Nous avons décrété et décrétons ce qui suit :

Art. 1er. La demande du sieur *Saujeon*, receveur particulier de l'arrondissement de Lavaur, département du Tarn, tendant à être relevé de la responsabilité du débet du sieur *Sudre*, ex-percepteur des contributions directes de l'arrondissement de perception d'Argans, est rejetée.

2. Notre ministre des finances est chargé de l'exécution du présent décret, qui sera inséré au Bulletin des lois.

Décret qui statue sur le pourvoi des habitants de la commune de Tourmont, contre un Arrêté du Préfet du Jura, par lequel il était enjoint à ladite commune de comprendre dans la distribution de son affouage de 1811, les habitants du hameau des Soupois.

Du 17 janvier 1813.

NAPOLÉON, etc.

Sur le rapport de notre commission du contentieux ;

Vu la requête des habitants de la commune de Tourmont, département du Jura, tendant à faire annuller un arrêté du préfet de ce département, du 29 novembre 1810, par lequel il est enjoint au conseil municipal de ladite commune de comprendre les habitants du hameau des Soupois dans la distribution de l'affouage de 1811, pour des parts égales à celles de tous les autres chefs de famille habitants de ladite commune ;

Vu l'arrêté du préfet du Jura, du 29 novembre 1810,

La requête en réponse, fournie par les habitants du hameau des Soupois, et les pièces à l'appui ;

Considérant qu'en principe général, la réunion des communes ne doit porter aucune atteinte à leurs droits respectifs de propriété, et que, s'il se présentait quelque cas d'exception, il devrait être consacré par un décret spécial ;

Considérant que les habitants du hameau des Soupois ne présentent, indépendamment de l'acte de leur réunion à la commune de Tourmont, aucun titre qui les constitue copropriétaires des bois appartenant à cette commune ;

Qu'en conséquence, leur prétention à la distribution de l'affouage dont il s'agit n'est pas fondée ;

Que, par suite et en vertu du même principe, les habitants des Soupois ne doivent être assujettis à aucune portion des charges inhérentes aux bois appartenant à la commune de Tourmont ;

Notre Conseil d'état entendu,

Nous avons décrété et décrétons ce qui suit :

ART. 1er. L'arrêté du préfet du département du Jura, du 29 novembre 1810, est annullé.

2. Les habitants du hameau des Soupois sont renvoyés devant le préfet, à l'effet de faire par lui procéder, s'il y a lieu, au dégrèvement en leur faveur des sommes qui pourraient leur être indûment imposées à titre de part contributive aux charges inhérentes aux propriétés de la commune de Tourmont. Toutefois le conseil municipal de Tourmont sera autorisé à délibérer sur la question de savoir s'il convient à cette commune de faire participer les habitants du hameau des Soupois à la distribution de l'affouage, à la charge, par ces derniers, de supporter une part proportionnelle des contributions et des frais.

3. Nos ministres de l'intérieur et des finances sont chargés, chacun en ce qui le concerne, de l'exécution du présent décret, qui sera inséré au Bulletin des lois.

****

Avis du Conseil d'état portant que les Conflits entre l'autorité administrative et l'autorité judiciaire doivent être renvoyés à la Commission du contentieux, pour y être instruits conformément au Réglement du 22 juilllet 1806. (Séance du 19 janvier 1813).

Du 22 janvier 1813.

LE CONSEIL D'ÉTAT, qui, d'après le renvoi ordonné par Sa Majesté, a entendu le rapport de la section de législation sur celui du ministre de l'intérieur, ayant pour objet de faire statuer sur un conflit d'attribution entre l'autorité administrative et l'autorité judiciaire, élevé par le préfet du département des Bouches-de-l'Escaut, à l'occasion d'un jugement rendu par le tribunal civil de Middelbourg, le 12 août 1812, entre le sieur *Sierman*, fournisseur pour le compte des communes de l'arrondissement de Zierikzée, et le sieur *Courtat*, chargé des travaux des fortifications de Flessingue, lequel jugement condamno le sieur *Courtat* à payer au sieur *Sierman* une somme de deux mille six cents francs, avec les intérets judiciaires ;

Vu le décret impérial du 22 juillet 1806, contenant réglement sur les affaires contentieuses portées au Conseil d'état ;

Considérant que les conflits d'attribution entrent dans le contentieux administratif, dont l'examen et l'instruction sont confiés à la commission du contentieux avant d'être portés au Conseil d'état,

Est d'avis,

Que les conflits entre l'autorité administrative et l'autorité judiciaire doivent être ranvoyés à la commission du contentieux, pour y être instruits conformément au réglement ;

Et que le présent soit inséré au Bulletin des lois.

,,,,,,,,,,,,,,,,,,

Décret qui annulle, pour cause d'incompétence,
des Arrêtés pris par le préfet de l'Eure, sur
des Contestations relatives à un partage de
biens indivis entre l'État et des particuliers.

Du 12 juin 1813.

NAPOLÉON, etc.

Sur le rapport de notre commission du
contentieux ;

Vu la requête qui nous a été présentée
par *Jean-Jacques-Charles Lemyre de Villers,*
Jean-Louis Lemyre de Villers, et demoiselle
Marthe-Charlotte-Pauline Lemyre de Villers,
frères et sœurs, héritiers pour partie dans
la ligne maternelle de dame *Françoise Quin-*
tanadoine de Bois-Roussel, pour qu'il nous
plaise casser et annuller les arrêtés rendus
par le préfet et le conseil de préfecture du
département de l'Eure, les 30 mars, 23 avril
et 11 mai 1812, ensemble les procès-verbaux
d'expertise des 25, 26, 27 et 29 mars de la
même année, lesquels procès-verbaux et

arrêtés ont préparé et fixé le partage des
biens de la succession de la veuve *Quinta-
nadoine de Bois-Roussel* entre tous les héritiers paternels et maternels de ladite dame,
d'une part, et la nation, de l'autre, comme
représentant un des héritiers paternels émigré ;

Vu lesdits arrêtés et procès-verbaux ;

Vu la lettre de notre ministre des finances,
du 9 septembre 1812, par laquelle il revendique l'affaire, comme étant de sa compétence ;

Vu le mémoire en réponse fourni par le
sieur *Louis-César Postel*, tant pour lui que
pour ses cohéritiers dans la succession de la
dame *Bellemare Postel*, leur mère, héritière
pour un douzième dans la ligne paternelle
de la dame *de Bois-Roussel*, et *Henri-Charles-
Auguste Daniels de Grangues*, héritier, ayant
réuni les onze douzièmes paternels dans la
même succession, et par lequel ils ont conclu
au maintien desdits procès-verbaux et arrêtés ;

Vu celui fourni par le sieur *Vanier*, acquéreur de partie des droits du sieur *Daniels
de Grangues*, qui a conclu également au
maintien desdits arrêtés ;

Vu celui fourni par la régie de l'enregistrement et des domaines, qui a conclu de même ;

Vu la lettre du préfet du département de l'Eure à notre ministre des finances, sous la date du 31 août 1812, dans laquelle il dit que l'arrêté de partage a été rendu par lui tout seul, et que, s'il s'est fait assister de deux membres du conseil de préfecture, il n'a pas entendu pour cela se dessaisir de sa compétence ;

Vu toutes les pièces produites ;

Considérant que, si la confection des partages des biens indivis entre l'État et les particuliers appartient aux préfets, sous l'approbation de notre ministre des finances, le contentieux qui s'élève tant sur la forme que sur le fond desdits partages, doit être décidé par les conseils de préfecture, et porté, en cas d'appel, devant notre Conseil d'état ;

Considérant que, dans l'espèce, quelques-uns des héritiers du côté maternel se plaignaient du partage, et opposaient d'ailleurs un défaut de qualité ;

E. que, dès-lors, ce partage donnait lieu à des difficultés et à des questions contentieuses qui étaient de la compétence du conseil de préfecture;

Notre Conseil d'état entendu,

Nous AVONS DÉCRÉTÉ et DÉCRÉTONS ce qui suit :

ART. 1er. Les arrêtés du préfet du département de l'Eure, sous les dates des 30 mars et 23 avril 1812, sont annullés pour cause d'incompétence.

Les parties sont renvoyées devant le conseil de préfecture du même département.

2. Notre grand-juge ministre de la justice, et notre ministre des finances, sont chargés de l'exécution du présent décret, qui sera inséré au Bulletin des lois.

~~~~~~~~~~~~~~~~~~

Décret qui annulle une décision du Conseil de préfecture du département de l'Indre, comme étant basée sur un principe dont l'application appartient aux Tribunaux.

Du 19 juin 1813.

NAPOLÉON, etc.

Sur le rapport de notre commission du contentieux ;

Vu la requête du sieur *Thabaud*, baron de Surins, tendant à ce qu'il nous plaise,

1° Annuller un arrêté du conseil de préfecture du département de l'Indre, du 27 mai 1812, qui déclare que deux terrains côtés C D, au plan levé par son ordre, font partie du domaine des Migniers, vendu par l'État au sieur *Simon*, suivant procès-verbal du 9 germinal an VI ;

2° Déclarer que lesdits terrains font partie des laisses et queues de l'étang de l'Ébaupillière, vendu par l'État au requérant, suivant procès-verbal du même jour ;

Vu ledit arrêté, ledit plan et lesdits procès-verbaux, la réponse du sieur *Simon*, et toutes les pièces produites par les parties ;

Vu les décrets par lesquels nous avons renvoyé aux tribunaux les questions relatives aux limites des domaines vendus par l'État, lorsqu'elles n'étaient pas déterminées par les actes administratifs, et ne pouvaient l'être que par les titres anciens, le droit commun, les coutumes locales et des enquêtes et visites des lieux ;

Considérant, dans l'espèce, que les procès-verbaux d'adjudication donnent réciproquement pour limite, l'étang au domaine et le domaine à l'étang, en masse et sans déterminer aucune ligne de séparation ; que ces procès-verbaux ne pouvaient servir, et n'ont point servi de base à la décision du conseil de préfecture, et que ce conseil s'appuie sur un principe relatif aux limites des étangs, d'après le niveau de leurs eaux, à la hauteur de leur décharge, principe dont l'application ne peut appartenir qu'aux tribunaux ;

Notre Conseil d'état entendu,

Nous avons décrété et décrétons ce qui suit :

Art. 1er. L'arrêté du conseil de préfecture du département de l'Indre, du 27 mai 1812, est annullé pour cause d'incompétence, et les parties sont renvoyées devant les tribunaux.

2. Notre grand-juge ministre de la justice et notre ministre de l'intérieur sont chargés de l'exécution du présent décret, qui sera inséré au Bulletin des lois.

....

Décret qui annulle un arrêté du Conseil de pré-fecture du Bas-Rhin, comme contenant un excès de pouvoir, en ce que, par ledit arrêté, ce Conseil a réformé des décisions qu'il avait prises dans une affaire de sa compétence.

Du 21 juin 1813.

NAPOLÉON, etc.

Sur le rapport de notre commission du contentieux ;

Vu la requête à nous présentée par le sieur *Michel Urban*, cultivateur à Berstest, département du Bas-Rhin, dans laquelle il conclut à ce qu'il nous plaise le recevoir appelant de l'arrêté du conseil de préfecture de ce département, du 2 décembre 1811, comme contenant un excès de pouvoir; faisant droit sur ledit appel, ordonner que ledit arrêté sera déclaré nul et comme non avenu, et que ceux des 16 et 31 juillet 1810, rendus par le même conseil, continueront de recevoir leur pleine et entière exécution;

Vu le premier arrêté, du 16 juillet 1810, qui décide que les cinq ares de verger qui sont en litige entre le sieur *Urban* et le sieur *Wick*, font partie de l'adjudication du 11 avril 1791, et doivent appartenir au sieur *Urban*, comme étant aux droits des acquéreurs primitifs;

Vu le second arrêté, du 31 du même mois de juillet, qui rejette l'opposition formée au précédent par le sieur *Wick*, et déclare qu'il n'y a pas lieu à délibérer sur sa réclamation;

Vu le troisième arrêté, du 2 décembre 1811, qui, sur une nouvelle opposition formée par le sieur *Wick* aux deux arrêtés des

16 et 31 juillet 1810, rapporte lesdits arrêtés, et décide que le terrain en litige n'a pas
fait partie de la vente du 11 avril 1791 ; qu'en
conséquence, le terrain n'appartient pas au
sieur *Urban*, mais bien au sieur *Wick* ;

Vu l'acte d'adjudication, du 11 avril 1791 ;

Vu l'ordonnance de *soit communiqué*, rendue par notre grand-juge ministre de la
justice, et la requête en réplique du sieur
Wick, dans laquelle il conclut au maintien
de l'arrêté du conseil de préfecture, du 2
décembre 1811 ;

Vu toutes les pièces jointes au dossier ;

Considérant que, dans les affaires de leur
compétence, les conseils de préfecture sont
de véritables juges dont les actes doivent produire les mêmes effets et obtenir la même
exécution que ceux des tribunaux ordinaires ;
que ce principe a déjà été consacré par plusieurs de nos décrets, et notamment par celui
du 16 thermidor an XII ; qu'il en résulte que
les conseils de préfecture, comme les tribunaux, n'ont pas le droit de réformer leurs
décisions, et que ce droit n'appartient qu'à
l'autorité supérieure ;

Considérant que, dans l'espèce, le conseil de préfecture du département du Bas-Rhin ayant rendu dans la même affaire un premier arrêté par défaut, et un second contradictoire, avait épuisé toute sa juridiction ; que cependant il a pris un troisième arrêté pour révoquer les deux autres, et qu'il ne pouvait, sans excéder ses pouvoirs, revenir ainsi sur ses décisions ;

Considérant, au fond, que les cinq ares de verger réclamés par le sieur *Urban* sont nommément compris dans l'adjudication du 11 avril 1791 ;

Notre Conseil d'état entendu,

Nous AVONS DÉCRÉTÉ et DÉCRÉTONS ce qui suit :

ART. 1er. L'arrêté du conseil de préfecture du département du Bas-Rhin, du 2 décembre 1811, est annullé comme contenant un excès de pouvoir.

2. Les cinq ares de verger en litige entre les sieurs *Urban* et *Wick* sont déclarés faire partie de l'adjudication du 11 avril 1791 : en conséquence, les deux arrêtés du conseil de

préfecture du département du Bas-Rhin, des 16 et 31 juillet 1810, recevront leur pleine et entière exécution.

૩. Notre grand juge ministre de la justice et notre ministre de l'intérieur sont chargés, chacun en ce qui le concerne, de l'exécution du présent décret, qui sera inséré au Bulletin des lois.

a a a a a a a a a a a a a a a

Décret qui annulle, pour cause d'incompé-
tence, une Décision prise par le Conseil de
préfecture de la Vendée, en matière de con-
tentieux des Domaines nationaux; ladite
décision étant fondée sur des actes et des
règles dont l'appréciation et l'application
appartiennent aux Tribunaux ordinaires.

Du 30 juin 1813.

NAPOLÉON, etc.

Sur le rapport de notre commission du contentieux ;

Vu la requête à nous présentée par les sieurs *Pinteville-Cernon*, maître des comptes, *Perreau*,

Gullman, *Chantreau* et *Alexis Mosneron*, propriétaires des cabanes situées commune de
Triaise, département de la Vendée, par laquelle ils concluent à ce qu'il nous plaise les
recevoir appelants de l'arrêté du conseil de
préfecture du département de la Vendée, du
25 mars 1806, en ce que, par les articles 2
et 3 dudit arrêté, ils se trouvent privés d'une
partie des terrains dont ils se prétendent propriétaires; en conséquence, que, conformément aux contrats passés à leur profit ou à
celui de leurs auteurs, les 22 décembre 1791,
13 février, 3 mars et 14 mai 1792, ils soient
gardés et maintenus dans la pleine propriété,
possession et jouissance des lais et relais de
la mer correspondant à leurs cabanes respectives, ainsi qu'en ont joui ou dû jouir les
fermiers d'icelles, en vertu des baux à eux
passés tant par le chapitre de Luçon, que
par le sieur *Brisson*, procureur syndic du
distric de Fontenai-le-comte;

Vu les mémoires en défense de l'administration des domaines et de l'enregistrement;

Vu les adjudications de 1791 et de 1792;

Vu l'arrêté attaqué, et toutes les pièces produites;

Considérant que, si les conseils de préfecture sont chargés de prononcer sur le contentieux des domaines nationaux, c'est un principe également consacré par une jurisprudence constante, que toutes les fois que la question de propriété doit être résolue par l'examen et l'interprétation d'actes antérieurs à l'adjudication, ou par l'application des maximes du droit civil, il n'appartient qu'aux tribunaux ordinaires d'en connaître;

Considérant que, dans l'espèce, le conseil de préfecture a fondé sa décision, non seulement sur des baux antérieurs aux adjudications de 1791 et 1792, mais encore sur un arrêt du conseil du 21 mars 1769, sur plusieurs autres titres, et sur l'article 538 du Code Napoléon; d'où il résulte qu'il n'était pas compétent pour connaître de la contestation dont il s'agit;

Notre Conseil d'état entendu,

Nous AVONS DÉCRÉTÉ et DÉCRÉTONS ce qui suit:

ART. 1er. L'arrêté du conseil de préfecture du département de la Vendée, en date du 25 mars 1806, est annullé pour cause d'incompétence, en ce qui concerne seulement l'administration de l'enregistrement et des domaines : en conséquence, les parties sont renvoyées à se pourvoir devant les tribunaux, ainsi qu'elles aviseront.

2. Notre grand-juge ministre de la justice et notre ministre de l'intérieur, sont chargés, chacun en ce qui le concerne, de l'exécution du présent décret, qui sera inséré au Bulletin des lois.

....

Décret qui annulle, pour cause d'incompétence, un Arrêté du Conseil de préfecture du département de la Nièvre.

Du 10 août 1813.

NAPOLÉON, etc.

Sur le rapport de notre commission du contentieux;

Vu la requête du sieur *Pierre Senly*, de Nevers, acquéreur, par procès-verbal du 19 prairial an IV, du moulin domanial de Pilla-voine, ladite requête tendant à ce qu'il nous plaise annuller un arrêté du conseil de préfecture du département de la Nièvre, du 9 avril 1808, qui décide qu'un terrain que le requérant soutient être une chaussée de son usine, fait partie du pré du Foulon, compris dans le domaine de Lamotte, vendu par l'État au sieur *Duminil*, suivant procès-verbal du 5 septembre 1791;

Vu l'ordonnance de *soit communiqué*, rendue le 11 mai 1813 par notre grand-juge ministre de la justice;

Vu la lettre du sieur *Coste*, gendre du sieur *Duminil*, en date du 26 mai 1813;

Vu les copies des procès-verbaux de vente, le plan des lieux, et les autres pièces produites par le sieur *Senly*;

Vu le procès-verbal d'une enquête et visite des lieux, faite en vertu d'un arrêté interlocutoire du conseil de préfecture du département de la Nièvre, en date du 10 février 1808;

Vu l'arrêté définitif du 9 avril 1808, dans lequel le conseil de préfecture, pour adjuger le terrain en litige, ne puise aucun de ses motifs dans les procès-verbaux d'adjudication, et discute l'état des lieux, d'anciens baux de 1766, 1774 et 1783, l'article 1615 du Code, et la possession ; .

Vu les décrets qui limitent la compétence des conseils de préfecture, sur le contentieux des domaines nationaux, aux questions susceptibles d'être décidées par la simple explication des actes administratifs qui ont préparé et effectué la vente ;

Vu spécialement nos décrets des 19 et 30 juin 1813, insérés au Bulletin des lois, numéros 509 et 510;

Notre Conseil d'état entendu,

Nous avons décrété et décrétons ce qui suit :

Art. 1er. L'arrêté du conseil de préfecture du département de la Nièvre, du 9 avril 1808, est annullé pour cause d'incompétence, et les parties sont renvoyées devant les tribunaux.

2. Notre grand-juge ministre de la justice

et notre ministre de l'intérieur, sont chargés de l'exécution du présent décret, qui sera inséré au Bulletin des lois.

~~~~~~~~~~~~~~~~~~

Décret portant annullation d'un Arrêté du conseil de préfecture du département des Landes, par lequel il avait été accordé une indemnité pour des matériaux extraits de carrières qui n'étaient pas en exploitation régulière.

Du 6 septembre 1813.

NAPOLÉON, etc.

Sur le rapport de notre ministre de l'intérieur;

Vu l'arrêté du conseil de préfecture du département des Landes, du 6 janvier 1813, par lequel il est accordé au sieur *Lassalle*, propriétaire des carrières de Rudé, commune de Poydessaux, une indemnité, à raison, 1° de la valeur des matériaux extraits par le sieur *Labbé*, entrepreneur d'une partie de la

route impériale, n° 11, de Paris en Espagne;
2° des dommages résultant de l'extraction;

Vu la loi du 16 septembre 1807, portant,
article 55:

« Les terrains occupés pour prendre les ma-
« tériaux nécessaires aux constructions publi-
« ques, pourront être payés aux propriétaires
« comme s'ils eussent été pris pour la route
« même.

« Il n'y aura lieu à faire entrer dans l'es-
« timation la valeur des matériaux à extraire,
« que dans le cas où l'on s'emparerait d'une
« carrière déjà en exploitation. »

Considérant que l'on ne peut réputer carrière en exploitation que celle qui offre au
propriétaire un revenu assuré, soit qu'il l'exploite régulièrement par lui-même et pour
ses besoins, soit qu'il en fasse un objet de
commerce, en exploitant régulièrement par
lui-même ou par autrui;

Que les carrières de Rudé n'étaient point
en exploitation lors de l'extraction faite par
l'entrepreneur *Labbé*;

Que le conseil de préfecture, en accordant

9.

au sieur *Lassalle* une indemnité à laquelle il
ne pouvait prétendre, aux termes de la loi
précitée, que dans le cas où ses carrières
eussent été en exploitation régulière à l'époque de l'extraction faite par l'entrepreneur
de la route d'Espagne, a évidemment contre-
venu à l'esprit et à la lettre de cette loi; et
que l'interprétation qu'il lui donne, tendrait
à consacrer une violation manifeste de tous
les principes;

Notre Conseil d'état entendu,

Nous avons décrété et décrétons ce qui
suit :

Art. 1er. L'arrêté du conseil de préfecture
du département des Landes, du 6 janvier 1813,
est annullé.

2. Il sera procédé à une nouvelle expertise de l'indemnité due au sieur *Lassalle* :
cette indemnité n'aura pour objet que les
dommages causés à ses propriétés par l'extraction et le transport des matériaux provenant des carrières dudit sieur *Lassalle*.

3. Notre ministre de l'intérieur est chargé
de l'exécution du présent décret, qui sera
inséré au Bulletin des lois.

Décret qui approuve un *Arrêté de conflit* pris par le *Préfet* du département de Seine-et-Marne, au sujet d'une contestation sur la question de savoir si une portion de terrain est comprise dans une vente faite par l'Autorité administrative.

Du 18 septembre 1813.

NAPOLÉON, etc.

Sur le rapport de notre commission du contentieux;

Vu la demande du 9 mars 1811, formée devant le tribunal civil de Meaux par les sieur et dame *de Tholozan*, au nom et comme cotuteurs des demoiselles *de Guermantes*, pour qu'il soient gardés et maintenus dans la propriété d'une pièce de terre située au terroir des Trois-Poiriers, commune de Vassy-Saint-Georges, et qu'il soit fait défense au duc *d'Otrante* d'y faire à l'avenir aucun acte de propriété;

Vu le jugement intervenu sur cette demande, le 4 juin 1812, et qui, avant faire droit sur le déclinatoire proposé par le duc *d'Otrante*, ordonne que, par des experts arpenteurs, il sera vérifié s'il y a, ou non, identité entre la pièce de terre revendiquée et la pièce acquise de la nation, le 31 juillet 1792, par *Pierre-Augustin Guinard*, aujourd'hui représenté par le duc *d'Otrante*;

Vu un second jugement du 20 août 1812, qui, attendu ce qui résultait de l'opération des experts, a rejeté le déclinatoire du duc *d'Otrante*, et a ordonné que les parties plaideraient au fond;

Vu un troisième jugement du 26 dudit mois d'août, rendu par défaut contre le duc *d'Otrante*, et qui adjuge aux sieur et dame *de Tholozan* leurs conclusions;

Vu l'appel interjeté de ces jugements par acte du 13 octobre 1812, devant la cour impériale de Paris;

Vu l'arrêté de conflit pris par le préfet de Seine-et-Marne, le 22 février 1813, au sujet des contestations dont il s'agit;

Vu le rapport de notre grand-juge ministre de la justice;

Vu le mémoire fourni par les sieur et dame *de Tholozan*, et par lequel ils concluent à l'annullation de l'arrêté do conflit et au renvoi de la contestation devant les tribunaux;

Considérant que les conseils de préfecture sont spécialement chargés de prononcer sur le contentieux des domaines nationaux; que dès-lors c'est à eux qu'il appartient de s'expliquer sur ce qui a été compris dans les ventes faites par l'autorité administrative, ainsi qu'il a déjà été décidé par plusieurs de nos décrets;

Considérant que, dans l'espèce, les parties étant divisées sur le point de savoir si la portion de terrain en litige faisait, ou non, partie du domaine national adjugé au sieur *Guinard*, le tribunal de Meaux devait se borner à les renvoyer devant le conseil de préfecture du département; qu'ainsi ce tribunal a méconnu les règles de compétence établies par les lois, soit en ordonnant une vérification, soit en réglant le déclinatoire proposé, soit enfin en déclarant que le terrain réclamé ne se trouvait pas compris dans l'adjudication faite au sieur *Guinard;*

Notre Conseil d'état entendu,

Nous AVONS DÉCRÉTÉ et DÉCRÉTONS ce qui suit :

ART. 1er. L'arrêté de conflit pris par le préfet du département de Seine-et-Marne, le 22 février 1813, est approuvé : en conséquence, les jugements rendus par le tribunal civil de Meaux, les 4 juin, 20 et 26 août 1812, sont déclarés comme non avenus, et les parties sont renvoyées devant le conseil de préfecture dudit département.

2. Notre grand-juge ministre de la justice et notre ministre de l'intérieur sont chargés, chacun en ce qui le concerne, de l'exécution du présent décret, qui sera inséré au Bulletin des lois.

,,,,,,,,,,,,,,,,,,,,,,,,,

Décret qui annulle, pour cause d'incompétence, un arrêté par lequel le Conseil de préfecture du département de l'Isère a fixé la largeur d'un chemin déclaré vicinal, et a jugé une question de propriété dont la connaissance appartient aux Tribunaux.

Du 16 octobre 1813.

NAPOLÉON, etc.

Sur le rapport de notre commission du contentieux ;

Vu la requête à nous présentée par le sieur *Bonnet-Dumolard*, tendant à ce qu'il nous plaise annuller,

1° Un arrêté du conseil de préfecture du département de l'Isère, du 2 décembre 1811, qui a fixé la largeur d'un chemin que le suppliant prétend lui appartenir ainsi qu'aux autres propriétaires riverains ;

2° Un arrêté précédemment rendu par le préfet du département de l'Isère, en date du 27 prairial an XI, qui déclare vicinal le chemin dont il s'agit;

Vu lesdits arrêtés,

L'ordonnance de *soit communiqué*, rendue par notre grand-juge ministre de la justice, le 21 juillet 1812, à laquelle il n'a pas été répondu dans les délais du réglement;

Considérant, sur la demande dirigée contre l'arrêté du préfet, qui déclare vicinal le chemin dont il s'agit, que cette décision, ayant été rendue compétemment et n'ayant pas été attaquée devant notre ministre de l'intérieur, ne peut, quant à présent, être soumise à notre examen;

Sur la demande dirigée contre l'arrêté du conseil de préfecture,

Considérant, 1° qu'aux termes de l'art. 6 de la loi du 9 ventôse an XIII, le droit de fixer la largeur des chemins vicinaux n'appartient qu'à l'administration publique, c'est-à-dire aux préfets, sauf le recours à notre ministre de l'intérieur, et ensuite à notre Conseil d'état;

Que, sous ce premier rapport, le conseil

de préfecture du département de l'Isère a excédé les bornes de sa compétence en fixant lui-même la largeur du chemin qui fait l'objet de la contestation ;

2° Que la question de savoir si le terrain sur lequel un chemin vicinal est établi appartient à une commune ou à de simples particuliers, est une question de propriété qui, comme toutes celles de ce genre, est du ressort exclusif des tribunaux ;

Que, sous ce second rapport, le conseil de préfecture a encore excédé les bornes de sa compétence, puisqu'il a décidé, au moins implicitement, que le terrain sur lequel le chemin contentieux est actuellement ouvert, n'appartient pas au suppliant, bien que celui-ci s'en prétende propriétaire et demande son renvoi devant les tribunaux ;

3° Que l'arrêté d'un préfet, qui déclare un chemin vicinal, ne fait pas obstacle à ce que la question concernant la propriété du terrain soit soumise aux tribunaux ; car tout ce qui résulte de l'arrêté, c'est que le chemin est reconnu nécessaire et doit être maintenu, sauf à indemniser le tiers qui serait judiciairement reconnu propriétaire du terrain;

Notre Conseil d'état entendu, ·

Nous avons décrété et décrétons ce qui suit :

Art. 1er. L'arrêté du conseil de préfecture du département de l'Isère, du 2 décembre 1811, est annullé.

2. Les parties sont renvoyées devant les tribunaux sur la question de propriété élevée par le suppliant.

3. La demande en annullation de l'arrêté du préfet, qui déclare vicinal le chemin dont il s'agit, est rejetée : cet arrêté sera exécuté provisoirement, sauf aux parties intéressées à l'attaquer devant notre ministre de l'intérieur, si elles s'y croient fondées.

4. Notre grand-juge ministre de la justice et notre ministre de l'intérieur sont chargés de l'exécution du présent décret, qui sera inséré au Bulletin des lois.

****

Décret qui annulle, pour cause d'incompétence, un arrêté par lequel le Conseil de préfecture du département de Seine-et-Marne a fait une désignation de chemins vicinaux, et a jugé une question de propriété dont la connaissance appartient aux Tribunaux.

Du 16 octobre 1813.

NAPOLÉON, etc.

Sur le rapport de notre commission du contentieux;

Vu la requête qui nous a été présentée par le sénateur comte *de Jaucourt* et le sieur *Pierre-Elisabeth Cazin,* pour qu'il nous plaise annuller un arrêté du conseil de préfecture du département de Seine-et-Marne, en date du 2 juillet 1812, qui déclare vicinaux trois chemins qui se trouvent sur les propriétés des suppliants et les séparent d'un bois appartenant au sieur *Gavet;*

Vu l'arrêté attaqué;

Vu le procès-verbal de l'adjudication faite

par l'administration départementale de Seine-et-Marne, le 25 fructidor an IV, du bois appartenant aujourd'hui au sieur *Gavet*,

Le mémoire en défense dudit sieur *Gavet*, qui conclut à la confirmation de l'arrêté attaqué, et subsidiairement, en cas de renvoi devant les tribunaux, à être maintenu provisoirement dans la jouissance des chemins dont il s'agit;

Vu toutes les pièces respectivement produites;

Considérant, 1° que le conseil de préfecture de Seine-et-Marne a classé au nombre des chemins vicinaux ceux qui sont l'objet de la contestation; qu'il a, par cette disposition, excédé les bornes de sa compétence, puisqu'aux termes de l'article 6 de la loi du 9 ventôse an XIII, le droit de désigner les chemins vicinaux n'appartient qu'à l'administration publique, c'est-à-dire, aux préfets, sauf le recours à notre ministre de l'intérieur, et ensuite à notre Conseil d'état;

2° Que l'arrêt attaqué décide de plus que le terrain sur lequel passent les chemins contentieux n'appartient pas aux suppliants; que, par cette seconde disposition, le conseil de préfecture a encore excédé les bornes de sa compétence, puisqu'il a jugé une question de propriété, non d'après les clauses de l'adjudication passée au sieur *Gavet*, lesquelles sont muettes sur ce point, mais d'après des titres anciens, dont la connaissance n'appartient qu'aux tribunaux, auxquels il y a par conséquent lieu de renvoyer l'examen de cette question;

3° Sur la demande subsidiaire du sieur *Gavet*, tendant à être provisoirement maintenu dans la jouissance des chemins dont il s'agit, que rien ne constatant que l'autorité compétente ait prononcé sur la nécessité ou l'utilité desdits chemins, que nulle commune n'étant en cause pour en réclamer le libre usage, il n'y a pas lieu d'accueillir cette demande subsidiaire;

Notre Conseil d'état entendu,

Nous avons décrété et décrétons ce qui suit:

Art. 1er. L'arrêté du conseil de préfecture

du département de Seine-et-Marne, en date du 2 juillet 1812, est annullé.

2. Les parties sont renvoyées devant les tribunaux sur la question de propriété élevée par le sénateur comte *de Jaucourt* et le sieur *Cazin*.

3. Le préfet du département de Seine-et-Marne statuera, si fait n'a été, sur la pétition à lui présentée par le comte *de Jaucourt*, ladite pétition ayant pour objet de faire décider si, ou non, les chemins dont il s'agit doivent être classés au nombre des chemins vicinaux, sauf aux parties intéressées à se pourvoir, si elles s'y croient fondées, contre l'arrêté du préfet.

4. Notre grand-juge ministre de la justice et notre ministre de l'intérieur sont chargés de l'exécution du présent décret, qui sera inséré au Bulletin des lois.

....

Décret portant rejet d'un Pourvoi au Conseil d'état, qui tendait à faire déclarer comme non avenus, sur une simple exception de compétence et sans conflit positif ou négatif entre l'autorité administrative et l'autorité judiciaire, un Jugement du Tribunal civil de la Seine et un Arrêt de la Cour impériale de Paris, confirmatif dudit Jugement.

Du 6 Novembre 1813.

NAPOLÉON, etc.

Sur le rapport de notre commission du contentieux;

Vu la requête à nous présentée par *Abraham-Jaac Brisac*, propriétaire, pour qu'il nous plaise déclarer incompétents un jugement du tribunal civil du département de la Seine, du 12 juin 1813, et un arrêt confirmatif de la cour impérial de Paris, du 31 août suivant, rendus en faveur du sieur *Charles-Louis Weiller* et du sieur *Landauer*, l'un et l'autre marchands de chevaux; en conséquence, ordonner que lesdits jugement et arrêt seront déclarés comme non avenus, et que les parties procéderont devant l'autorité administrative;

Vu le jugement et l'arrêt attaqués, ensemble les autres pièces produites;

Considérant que, d'après l'avis de notre Conseil d'état, du 19 janvier 1813, approuvé par nous le 22 du même mois, et autres lois antérieures, les conflits élevés entre l'autorité administrative et l'autorité judiciaire doivent être portés à notre Conseil d'état, pour y être jugés sur le rapport de la commission du contentieux; mais que, lorsqu'il n'existe pas de conflit, et qu'il ne s'agit que d'une exception d'incompétence, les tribunaux doivent en connaître, et le jugement ou l'arrêt qui intervient ne peut être attaqué que devant l'autorité judiciaire supérieure chargée par la loi de le réformer;

Considérant que, dans l'affaire actuelle il n'y a eu ni conflit positif ni conflit négatif; que le sieur *Brisac* a seulement demandé, soit devant le tribunal de première instance du département de la Seine, soit devant la cour impériale de Paris, que la contestation portée devant eux fût renvoyée devant l'autorité administrative, sous prétexte qu'elle était seule compétente pour en connaître; que dès-lors, si la cour impériale de Paris a jugé incompétemment, ce n'est pas au Conseil d'état, mais à la cour de cassation, que devait s'adresser le sieur *Brisac*, pour faire réformer le jugement et l'arrêt attaqués;

Notre Conseil d'état entendu,

Nous avons décrété et décrétons ce qui suit:

ART. 1er. La requête du sieur *Brisac* est rejetée, sauf à lui à se pourvoir, ainsi qu'il avisera, devant l'autorité judiciaire.

2. Notre grand-juge ministre de la justice est chargé de l'exécution du présent décret, qui sera inséré au Bulletin des lois.

,,,,,,,,,,,,,,,,,,,,,

*Décret portant rejet d'une requête de l'admi-
nistration de l'Enregistrement et des Domaines, qui tendait à faire annuller un
Arrêté par lequel le Conseil de préfecture
du département des Deux-Nèthes s'est déclaré incompétent pour connaître de la validité d'une vente faite par l'ancienne abbaye de Saint-Bernard.*

Du 6 novembre 1813.

NAPOLÉON, etc.

Sur le rapport de notre commission du
contentieux,

Vu la requête de l'administration de l'enregistrement et des domaines, tendant à ce
qu'il nous plaise annuller un arrêté du conseil de préfecture du département des Deux-
Nèthes, du 23 novembre 1810, lequel s'est
déclaré incompétent pour juger de la validité d'une vente de deux bonniers quatre-
vingt-une verges, faite au sieur *Taeymans* par
l'ancienne abbaye de Saint-Bernard;

Vu ledit arrêté;

Vu l'ordonnance de *soit communiqué*, à laquelle le sieur *Taeymans* n'a point répondu dans les délais du réglement,

Ensemble toutes les autres pièces jointes au dossier;

Considérant que la loi du 28 pluviôse an VIII, et autres lois d'exception, traçant les attributions de l'autorité administrative, ont limité son droit d'expliquer et d'interpréter aux seules ventes de biens nationaux faites devant elle et par elle;

Que les exceptions doivent être rigoureusement restreintes dans les cas exprimés;

Que les aliénations faites par les corporations religieuses des pays conquis et réunis à la France, avant leur suppression et la mainmise nationale, portent tous les caractères de simples conventions privées, dont la connaissance n'appartient pas à l'autorité administrative, mais bien aux tribunaux ordinaires;

Notre Conseil d'état entendu,

Nous AVONS DÉCRÉTÉ et DÉCRÉTONS ce qui suit:

ART. 1ᵉʳ. La requête de l'administration de l'enregistrement et des domaines est rejetée, sauf à elle à se pourvoir devant les tribunaux ordinaires, si elle s'y croit fondée.

2. Notre grand-juge ministre de la justice et notre ministre des finances sont chargés, chacun en ce qui le concerne, de l'exécution du présent décret, qui sera inséré au Bulletin des lois.

~~~~~~~~~~~~~~~~~~~~

Décret qui annulle deux arrêtés de conflit pris par le Préfet de l'Aveyron, à l'occasion d'une Contestation déjà terminée par arrêt passé en force de chose jugée.

Du 6 janvier 1814.

NAPOLÉON, etc.

Sur le rapport de notre commission du contentieux;

Vu la requête du sieur *Planard*, tendant à ce qu'il nous plaise annuller deux arrêtés de conflit pris par le préfet du département de l'Aveyron, les 4 et 11 février 1813, à l'oc-

casion d'une contestation sur laquelle il avait
été prononcé par des jugement et arrêt du
tribunal de Milhau et de la cour d'appel de
Montpellier, qui avaient acquis l'autorité de
la chose jugée;

Vu lesdits jugement et arrêt des 28 mars
1806 et 18 janvier 1811, signifiés aux sieur
et dame *Enjalran*, le 26 juin suivant;

Vu les arrêtés de conflit;

Vu la requête en réponse des sieur et dame
Enjalran, tendant à ce qu'il soit fait défense
au sieur *Planard* de donner suite aux jugement et arrêt par lui obtenus, sauf à se pourvoir devant l'autorité administrative ainsi qu'il
avisera;

Vu le rapport de notre grand-juge ministre
de la justice, ensemble toutes les pièces respectivement produites dans cette affaire;

Considérant que, par notre décret du 15
janvier 1813, rendu sur un conflit élevé par
le préfet du département des Vosges, il a
été décidé que l'arrêté du 13 brumaire an X
relatif aux conflits d'attributions, n'était pas
applicable aux contestations terminées par

des jugements ou arrêts qui ont acquis l'autorité de la chose jugée;

Considérant, dans l'espèce, que l'arrêt de la cour d'appel de Montpellier, confirmatif du jugement du tribunal de première instance de Milhau, a été signifié à domicile, le 26 juin 1811; que trois mois après cette signification, le délai pour se pourvoir en cassation étant expiré, cet arrêt avait acquis l'autorité de la chose jugée; que dès-lors le préfet de l'Aveyron n'était plus recevable à élever le conflit porté par ses arrêtés des 4 et 11 février 1813;

Notre Conseil d'état entendu,

Nous avons décrété et décrétons ce qui suit :

Art. 1er. Les deux arrêtés de conflit pris par le préfet de l'Aveyron, les 4 et 11 février 1813, sont annullés.

2. Notre grand-juge ministre de la justice et notre ministre de l'intérieur sont chargés, chacun en ce qui le concerne, de l'exécution du présent décret, qui sera inséré au Bulletin des lois.

Décret portant rejet d'un recours au Conseil d'état contre un arrêté par lequel le Préfet du département du Doubs a fixé la direction d'un chemin vicinal.

Du 6 janvier 1814.

NAPOLÉON, etc.

Sur le rapport de notre commission du contentieux ;

Vu la requête qui nous a été présentée par le sieur *Conthaud*, en qualité de curateur de *Jean-Nicolas Arbilleur*, interdit, propriétaire dans la commune de la Chevillotte, pour qu'il nous plaise annuller, pour cause d'incompétence et d'excès de pouvoirs, et comme mal jugé au fond, un arrêté du préfet du département du Doubs, du 15 février 1813, qui décide, 1° que le chemin public de communication entre la commune de Saone et celle de Naizey, passera sur le territoire de la commune de la Chevillotte, dans la direction qui est tracée en jaune au plan

du géomètre *Arthaud*, en date du 30 janvier
1808 ; 2° que le chemin qui passait sur les
prés appartenant à la commune de Mamirolle, sera rendu à l'agriculture ; 3° que, si
le nouveau chemin doit parcourir des propriétés particulières, cette commune sera
tenue de dédommager les propriétaires, et
que l'indemnité sera réglée conformément à
la loi ;

Vu le mémoire en défense de la commune
de Mamirolle ;

Vu trois précédents arrêtés du même préfet, en date des 21 octobre 1807, 10 juin et
16 novembre 1808 ;

Vu un jugement du tribunal de Beaune,
du 22 août 1811, et un arrêt de la cour
d'appel de Besançon, du 13 mai 1812, par
lequel cette cour se déclare incompétente
pour juger la contestation qui lui est soumise ;

Vu l'arrêté attaqué, le plan dressé par le
géomètre *Arthaud*, et remis à la préfecture
le 30 janvier 1808, ensemble toutes les pièces
produites par les parties ;

Vu la loi du 9 ventôse an XIII, et notre

décret du 16 octobre 1813, qui fixent les
attributions de l'autorité administrative et de
l'autorité judiciaire sur l'établissement des
chemins vicinaux ;

Considérant que le préfet du département
du Doubs, par son arrêté du 15 février 1813,
n'a fait que fixer la direction que doit suivre
le chemin de communication entre la commune de Saône et celle de Naizey, sauf l'indemnité des propriétaires du terrain sur lequel
le nouveau chemin est établi ; que dès-lors ce
préfet s'est renfermé dans ses attributions,
et qu'on ne peut lui reprocher aucun excès
de pouvoirs ;

Considérant au fond, que, si le requérant
croit avoir à se plaindre de la direction donnée au chemin en question, il doit d'abord
porter sa réclamation devant notre ministre
de l'intérieur, et ensuite à notre Conseil
d'état ;

Que, si au contraire le requérant n'entend
pas attaquer la direction donnée au chemin
dont il s'agit, mais seulement prétendre qu'il
est propriétaire de tout ou de partie du ter-

10.

rain que ce chemin doit parcourir, dans ce cas il doit porter sa réclamation devant l'autorité judiciaire ;

Notre Conseil d'état entendu,

Nous avons décrété et décrétons ce qui suit :

ART. 1er. La requête du sieur *Conthaud*, au nom qu'il agit, est rejetée, sauf à lui à se pourvoir, s'il s'y croit fondé, ou devant notre ministre de l'intérieur, s'il veut faire réformer l'arrêté du 15 février 1813, ou devant les tribunaux, s'il se borne à élever des questions de propriété.

2. Notre grand-juge ministre de la justice et notre ministre de l'intérieur sont chargés, chacun en ce qui le concerne, de l'exécution du présent décret, qui sera inséré au Bulletin des lois.

Décret portant que l'adjudication faite au sieur Dehagre, dans le département de Jemmape, d'une portion de bien à lui vendue comme appartenant à la Caisse d'amortissement, est annullée, pour causes d'erreur matérielle dans la désignation, et de défaut absolu de possession et de propriété de la pièce adjugée.

Du 17 janvier 1814.

NAPOLÉON, etc.

Sur le rapport de notre commission du contentieux;

Vu le rapport de notre ministre des finances, tendant à ce qu'il nous plaise annuller un arrêté du conseil de préfecture du département de Jemmape en date du 1ᵉʳ mai 1813, qui prononce que les biens vendus au sieur *Dehagre*, par procès-verbal du 2 octobre 1812, comme appartenant à la caisse d'armortissement et composant le n° 13 de l'affiche 448, sont ceux repris au sommier du receveur de

Tournay n° 16, et portant le n° 767 sur la cession faite à ladite caisse;

Vu l'ordonnance de *soit communiqué* rendue par notre grand-juge ministre de la justice, à laquelle les parties n'ont pas répondu dans les délais du réglement;

Vu les pièces jointes au rapport de notre ministre des finances, et spécialement le procès-verbal d'adjudication, les réclamations des diverses parties intéressées devant le préfet et le conseil de préfecture, et l'arrêté dudit conseil, qui établissent comme des faits constants et non contestés,

1° Que les biens appartenant à la caisse d'amortissement sont composés de quatre pièces situées aux terroirs de Saint-Léger et d'Évregnies, définies chacune par des limites particulières, louées au sieur *Jean Dillies*, et provenant des religieux croisiers de Tournay; que lesdites pièces ne sont désignées par leur origine, leur situation, ni leurs limites véritables, ni dans l'expertise, ni dans l'affiche, ni dans l'adjudication, et n'ont pas été vendues en effet par le procès-verbal du 2 octobre 1812;

2° Que le bien estimé, affiché et adjugé au sieur *Dehagre*, n'est composé que d'une seule pièce de terre, sise au seul terroir de Saint-Léger, définie par des limites qui lui sont particulières, louée au sieur *François Dillies*, provenant de l'ancien béguinage et appartenant à l'ancienne fabrique de la Madeleine à Tournay, d'où il résulte que le bien réellement vendu n'appartenait point à la caisse d'amortissement, n'était pas détenu par ses fermiers, et différait des pièces qui lui appartiennent, par l'origine, la situation et les limites ;

Vu les décrets relatifs au mode de vente des biens de la caisse d'amortissement, ou intervenus dans les contestations relatives à la vente desdits biens, desquels il résulte que les adjudications sont faites et jugées dans les formes prescrites pour les biens nationaux, mais doivent être régies, à l'égard des tiers, par les règles du droit commun ;

Considérant, dans l'espèce, que la vente faite par le procès-verbal du 2 octobre 1812 est nulle, soit par l'erreur matérielle   la désignation, soit par le défaut absolu de possession et de propriété de la pièce adjugée;

Que les quatre pièces de la caisse d'amortissement n'ont pas été vendues et ne peuvent l'être que dans les formes prescrites pour la vente des biens de ladite caisse;

Notre Conseil d'état entendu,

Nous avons décrété et décrétons ce qui suit:

Art. 1er. L'arrêté du conseil de préfecture du département de Jemmappe, du 1er mai 1813, est annullé.

2. La vente faite au sieur *Dehagre*, par le procès-verbal du 2 octobre 1812, est annullée, et les prix et loyaux-coûts lui seront remboursés par la caisse d'amortissement.

3. Notre grand-juge ministre de la justice et notre ministre des finances sont chargés de l'exécution du présent décret, qui sera inséré au Bulletin des lois.

Décret portant rejet du pourvoi au Conseil d'état, formé par des particuliers, Éditeurs ou Marchands de musique, contre des instructions données par le Ministre des finances à la Régie de l'enregistrement et des domaines, sur la manière de liquider le droit de timbre sur les papiers de musique.

Du 17 janvier 1814.

NAPOLÉON, etc.

Sur le rapport de notre commission du contentieux;

Vu la requête à nous présentée par les sieurs *Siébert* père, *Pleyel* et autres éditeurs ou marchands de musique, pour qu'il nous plaise annuller deux actes de notre ministre des finances, en date des 7 avril et 7 juillet 1812, actes que les suppliants qualifient de décisions, et dont l'objet est d'indiquer aux agents du domaine de quelle manière ils doivent exécuter les lois concernant le timbre des papiers de musique;

Vu les observations de notre ministre des finances en date des 17 novembre et 22 décembre 1812, qui tendent à établir que le pourvoi des suppliants n'est pas recevable, par le motif,

Qu'aux termes de l'article 63 de la loi du 22 frimaire an 7, le ministre doit donner à la régie de l'enregistrement et des domaines la solution des difficultés relatives à la perception des impôts indirects;

Que c'est en exécution de cet article qu'il a réglé, par les actes dont il s'agit, connus sous le nom de solutions, la manière de liquider le droit de timbre sur les papiers de musique;

Que ces actes ne sont évidemment, de leur nature, que des instructions adressées à la régie « pour guider les préposés dans le mode « de perception, et pour fixer l'incertitude « de l'administration sur le sens dans lequel « elle doit défendre les dispositions de la loi « devant les tribunaux;

« Qu'il n'a jamais entendu que les opinions « qu'il lui transmettait ainsi, dussent faire

« règle absolue pour les redevables ni les en-
« lever à leurs juges naturels ; »

Qu'ainsi, si les suppliants se croient lésés
par les solutions dont il s'agit, « ils doivent
« porter leurs réclamations devant les tri-
« bunaux ordinaires, qui seuls peuvent et
« doivent statuer selon leur conviction, et
« sans prendre ces solutions pour guide ; »

Qu'ainsi la jurisprudence des tribunaux,
celle sur-tout de la cour de cassation, sont
unanimes sur ce point ;

Considérant que ces observations sont fondées sur les principes de la matière, et qu'il
en résulte évidemment que le pourvoi des
suppliants est non recevable ;

Notre Conseil d'état entendu,

Nous avons décrété et décrétons ce qui
suit :

Art. 1er. La requête des sieurs *Siébert* père,
Pleyel et consorts, est rejeté ;

Sauf à eux, en cas de poursuite exercée
en vertu des actes dont ils se plaignent, à se
pourvoir devant les tribunaux et à y faire valoir leurs prétentions.

2. Notre grand-juge ministre de la justice et notre ministre des finances, sont chargés, chacun en ce qui le concerne, de l'exécution du présent décret, qui sera inséré au Bulletin des lois.

Décret qui prononce sur le Pourvoi au Conseil d'état, formé par la société de charbonnage de la Hestre et de Haine-Saint-Pierre, arrondissement de Charleroi, département de Jemmape, contre quatre décrets du 6 octobre 1810, concernant les limites des concessions des quatre sociétés de Marimont, de Sarelongchamp, de Houssu et de la Hestre.

Du 21 février 1814.

NAPOLÉON, etc.

Sur le rapport de notre commission du contentieux ;

Vu les requêtes présentées par la société de charbonnage de la Hestre et de Haine-Saint-Pierre, arrondissement de Charleroi, département de Jemmape, représentée par le sieur *Deschuytener*, tendant à ce qu'il nous plaise les recevoir tiers-opposants aux quatre décrets du 6 octobre 1810, concernant les limites des concessions des quatre sociétés de Marimont, de Sarelongchamp, de Houssu et de la Hestre; en conséquence, rapporter lesdits décrets comme étant rendus sans que ladite société de la Hestre ait été entendue, ni appelée; ce faisant, rétablir les suppliants dans l'étendue des exploitations qu'ils possédaient avant lesdits décrets; ordonner que les limites des terrains appartenant à chaque société seront fixées d'après son titre de concession, et conformément à la loi du 21 avril 1810; condamner la société de Marimont à rendre compte du produit des extractions qu'elle a faites sur les portions de terrain dont elle s'est emparée, et en des dommages et intérêts; condamner également la société de Sarelongchamp à rendre compte des produits qu'elle a retirés du bois de Boully et de sept bonniers de terrain en litige entre la société de Houssu et la société de la Hestre, après qu'il aura été statué sur la propriété desdits objets, et renvoyer à cet effet lesdites sociétés devant les tribunaux ordinaires;

Vu les requêtes en défense produites par les sociétés de Marimont, de Sarelongchamp et de Houssu;

Vu les quatre décrets attaqués qui assignent les limites des concessions faites à chacune des quatre sociétés de Marimont, de Sarelongchamp, de Houssu et de la Hestre;

Vu les observations fournies par le directeur général des mines, qui propose le rapport de ces quatre décrets comme étant essentiellement corrélatifs et rendus sans que la société de la Hestre ait été entendue;

Vu toutes les autres pièces jointes au dossier;

Considérant que la société de la Hestre s'est régulièrement pourvue devant la commission du contentieux du Conseil d'état, contre les quatre décrets du 6 octobre 1810, et que les fins de non recevoir qu'on lui oppose ne sont pas fondées;

Considérant que, d'après les dispositions de l'article 4 de la loi du 28 juillet 1791, et de l'article 51 de la loi du 21 avril 1810, la société de la Hestre est devenue propriétaire incommutable de la mine de charbon qu'elle exploite dans l'arrondissement de Charleroi, et qui lui a été concédée par Jean-Louis *de Carondelet*, ci-devant seigneur de la Hestre, par acte du 12 janvier 1757;

Considérant qu'il a été porté atteinte aux droits et à la propriété de la société de la Hestre, en changeant les limites de sa concession pour faire passer une partie de son territoire dans les limites des concessions des sociétés de Marimont et de Sarelongchamp; que, si le ministre de l'intérieur a recommandé par ses instructions de fixer, le plus possible, par des lignes droites, les limites des concessions, il n'a pu et n'a entendu y assujétir que les terrains *à concéder*, et nullement les terrains *concédés*;

Considérant que les décrets du 6 octobre 1810 ont été rendus dans la persuasion où l'on était que toutes les parties intéressées avaient donné leur consentement aux changements proposés; mais qu'il est aujourd'hui reconnu, soit par l'ingénieur qui a fait la limitation dont il s'agit, soit par le directeur général de l'administration des mines, que la société de la Hestre n'avait pas été entendue lors de cette limitation, et qu'elle s'est opérée sans sa participation; que dès-lors les décrets attaqués doivent être rapportés;

Considérant que, d'après les articles 28 et 56 de la loi du 21 avril 1810, toutes les contestations qui s'élèvent sur la propriété ou la limitation des mines acquises par concession ou autrement, doivent être jugées par les tribunaux; qu'ainsi les parties n'ont qu'à se pourvoir devant l'autorité judiciaire, si elles sont divisées sur les limites de leurs concessions;

Notre Conseil d'état entendu,

Nous AVONS DÉCRÉTÉ et DÉCRÉTONS ce qui suit:

ART. 1er. La société de la Hestre est reçue opposante aux quatre décrets du 6 octobre 1810, qui ont assigné de nouvelles limites, tant à sa concession qu'à celles des sociétés de Marimont, de Sarelongchamp et de Houssu: en conséquence, les parties sont remises au même état où elles étaient avant lesdits décrets.

2. La société de la Hestre est réintégrée dans les portions de terrain dont elle a été dépossédée par l'effet des décrets du 6 octobre 1810.

3. La société de Marimont rendra compte à la société de la Hestre des extractions par elle indûment faites sur les parties de terrain dont il s'agit, sous la déduction néanmoins des frais d'exploitation, ainsi que des travaux et autres améliorations qui pourraient tourner au profit de la société de la Hestre : ces deux sociétés sont, à cet effet, renvoyées devant les tribunaux, pour la liquidation de ces objets.

4. Les sociétés de la Hestre, de Sarelongchamp et de Houssu, sont également renvoyées devant les tribunaux, pour être statué entre elles sur la propriété du bois de Boully et des sept bonniers de terrain qui étaient en litige avant les décrets du 6 octobre 1810.

3. Notre grand-juge ministre de la justice et notre ministre de l'intérieur sont chargés, chacun en ce qui le concerne, de l'exécution du présent décret, qui sera inséré au Bulletin des lois.

~~~~~~~~~~~~~~~~~~~

Décret qui annulle un arrêté du préfet du dé-
partement de l'Eure, en ce qu'il dépossède,
sans une indemnité préalable, un sieur Dela-
marre, propriétaire de la halle de la com-
mune de Vieil-Harcourt.

Du 27 mars 1814.

Vu la circulaire de notre ministre de l'intérieur, du 8 avril 1813, et l'arrêté pris en
exécution d'icelle par le préfet du département de l'Eure, le 19 du même mois, lequel
arrêté porte, 1° que toute perception de
droit dans les halles, places, marchés et
champs de foire, au profit de particuliers
propriétaires de ces immeubles ou de leurs
fermiers, cessera à compter de la publication
dudit arrêté, et que cette perception sera
continuée au nom et profit des communes
où ils sont situés, sauf à elles à tenir compte
du prix de location ou de la vente desdits
immeubles, d'après l'estimation qui en sera
faite contradictoirement.

« 2° Qu'il est fait défense aux propriétaires ou fermiers desdits immeubles de s'immiscer en rien dans la perception desdits droits. »

Vu la requête qui nous a été présentée par le sieur *Louis-Gervais Delamarre*, propriétaire des halles du bourg de Vieil-Harcourt, tendant à ce qu'il nous plaise annuller, pour cause d'incompétence, la décision de notre ministre de l'intérieur contenue dans sa circulaire; en conséquence ordonner que l'arrêté pris en exécution, et, pour se conformer à cette décision par le préfet du département de l'Eure, sera considéré comme non avenu, ainsi que tout ce qui s'en est suivi;

Vu les observations de notre ministre en réponse au pourvoi du sieur *Delamarre*;

Vu l'article 19 de la loi du 28 mars 1790, notre décret du 6 décembre 1813, celui du 17 janvier 1814, et toutes les pièces jointes au dossier;

Considérant qu'aux termes de notre décret du 17 janvier 1814, on n'est pas admis à se pourvoir devant la commission du conten-

tieux contre les instructions ministérielles,
mais que l'on peut attaquer les décisions administratives ou judiciaires qui en ont fait
l'application, si ces décisions sont contraires
à la loi ;

Considérant que la circulaire de notre ministre de l'intérieur est une simple instruction, et que dès-lors le sieur *Delamarre* n'est
pas recevable à l'attaquer ; que la loi du 28
mars 1790, en supprimant les droits de hallage sans indemnité, a voulu que les bâtiments et halles continuassent d'appartenir
aux propriétaires, qui sont cependant obligés
de les louer ou de les vendre aux communes
des lieux ; que l'article 545 du Code Napoléon
veut aussi que nul ne puisse être dépouillé
de sa propriété, même pour cause d'utilité
publique, sans une juste et préalable indemnité ; que dès-lors, si l'administration est
chargée de fixer le tarif des droits qui se
perçoivent aujourd'hui dans les halles et marchés, elle ne peut pas, comme l'a fait le
préfet du département de l'Eure, ordonner
la perception de ces droits au profit des com-

munes dans lesquelles ils sont établis, sans
que les propriétaires des bâtiments affectés
aux halles et marchés aient été préalablement
désintéressés ; que s'il en était autrement, le
propriétaire se trouverait dépossédé avant
d'avoir reçu son indemnité, ce qui serait
contraire aux dispositions de la loi du 28
mars 1790 et du Code Napoléon.

Considérant d'ailleurs que, dans l'espèce,
le préfet n'était pas compétent pour ordonner une pareille dépossession ; qu'il devait
bien prendre des mesures pour forcer les
propriétaires des halles, soit à les vendre,
soit à les louer aux communes où elles étaient
situées ; mais qu'il aurait dû en même temps
ordonner que les propriétaires seraient préalablement désintéressés, et que si les parties
n'étaient pas d'accord sur le mode d'estimation, elles devaient se pourvoir devant le
conseil de préfecture, conformément à notre
décret du 6 décembre 1813.

Notre Conseil d'état entendu,

Nous avons décrété et décrétons ce qui
suit :

ART. 1er. L'arrêté du préfet du département de l'Eure, du 19 avril 1813, est annullé, dans la disposition qui dépossède le sieur *Delamarre* de sa halle, sans aucune indemnité préalable, sauf à la commune de Vieil-Harcourt à acheter ou à louer ladite halle; et si elle ne le fait pas, à exiger un tarif des droits qui pourront être perçus, conformément à l'article 12 de notre décret du 9 décembre 1811 ; en cas de difficulté, les parties se pourvoiront devant le conseil de préfecture du département.

2. Notre grand-juge ministre de la justice et notre ministre de l'intérieur sont chargés, de l'exécution du présent décret, qui sera inséré au Bulletin des lois (1).

_____

(1) Ce Décret n'a pas pu être inséré au dernier Bulletin des lois, à cause de son interruption.

RÉGLEMENT [1]

CONCERNANT LES RELATIONS DES CHAMBRES AVEC LE ROI ET ENTRE ELLES.

Du 13 août 1814.

LOUIS, par la grace de Dieu, Roi de France et de Navarre, à nos amés et féaux les membres de la Chambre des pairs et les membres de la Chambre des députés, salut :

Voulant pourvoir aux relations que lesdites Chambres doivent avoir avec nous, ainsi qu'à celles qu'elles peuvent avoir entre elles,

Avons arrêté et arrêtons, ordonné et ordonnons ce qui suit :

---

[1] Ce Réglement n'ayant été publié qu'après l'impression de ce Recueil, n'a pas pu être placé à la suite de la Charte Constitutionnelle à laquelle il doit se rapporter.

TITRE Ier.

Ouverture de la Session.

ART. 1er. La convocation des deux Chambres est faite par une proclamation qui fixe le jour de l'ouverture de la session.

Tous les députés sont tenus de se rendre.

Les pairs sont convoqués par des lettres closes du Roi, contresignées par le Chancelier de France.

Les députés des départements sont convoqués par des lettres closes du Roi, adressées à chacun des députés, et contresignées par le Ministre de l'intérieur.

2. Le jour de l'ouverture de la session, les pairs et les députés se réunissent dans la même enceinte.

3. Une députation de douze pairs et de vingt-cinq députés va recevoir le Roi au pied du grand escalier, et le conduit jusqu'aux marches du trône.

4. Lorsque le Roi est assis et couvert, il ordonne aux pairs de s'asseoir, et les députés

attendent que le Roi le leur permette par l'organe de son Chancelier.

5. Nul n'est couvert en présence du Roi.

6. Quand le Roi a cessé de parler, le Chancelier prend ses ordres, et annonce que la session est ouverte.

7. Le Roi est accompagné à sa sortie par les mêmes députations, et jusqu'aux mêmes lieux.

TITRE II.

Des Proclamations du Roi, portées aux deux Chambres.

ART. 1er. Les proclamations du Roi sont portées aux deux Chambres par des commissaires.

2. Ces commissaires seront reçus au haut de l'escalier, et introduits par le grand-référendaire dans la Chambre des pairs. Les questeurs reçoivent et introduisent de même les commissaires envoyés à la Chambre des députés.

3. Les proclamations sont remises par les

commissaires au président, qui en fait lecture toute affaire cessante.

4. La Chambre se sépare à l'instant, si la proclamation ordonne la clôture de la session, l'ajournement ou la dissolution de la Chambre.

5. Les commissaires du Roi se placent sur des siéges qui leur sont réservés vis-à-vis le bureau.

TITRE III.

Des Messages du Roi, de la forme des lois proposées par le Roi, et de l'acceptation des Chambres.

ART. 1ᵉʳ. Les messages du Roi contenant des propositions de lois, sont portés aux Chambres par ses ministres, qui pourront être assistés de commissaires envoyés par le Roi.

2. La loi proposée est rédigée en forme de loi, signée par le Roi, contresignée par un ministre, et adressée à la Chambre à qui le Roi l'envoie.

3. Les Chambres ne motivent ni leur acceptation ni leur refus ; elles disent seulement *la Chambre a adopté,* ou *la Chambre n'a pas adopté.*

4. La loi qui n'est point adoptée ne donne lieu à aucun message ni à aucune mention sur les registres de la Chambre.

5. La chambre qui adopte une proposition de loi en fait dresser la minute signée de son président et de ses secrétaires, pour être déposée dans ses archives, et en adresse au Roi une expédition signée de même, et qui lui est portée par le président et les secrétaires de la Chambre.

6. Lorsqu'une chambre supplie le Roi de proposer une loi, elle en donne connaissance à l'autre Chambre, et si la demande y est également adoptée, elle adresse un message au Roi par la voie de son président et de ses secrétaires.

TITRE IV.

De la Sanction et de la publication des lois.

Art. 1ᵉʳ. Le Roi refuse sa sanction par cette formule, *le Roi s'avisera*, et s'il n'adopte point les propositions et suppliques qui lui sont faites, il dit : *le Roi veut en délibérer.*

2. Cette déclaration des volontés du Roi est notifiée à la Chambre des pairs par le Chancelier, et à celle des députés, par une lettre des ministres adressée au président.

3. Le Roi sanctionne la loi qu'il a proposée en faisant inscrire sur la minute, que ladite loi, *discutée, délibérée et adoptée* par les deux Chambres, sera publiée et enregistrée pour être exécutée comme loi de l'État.

4. Les lois proposées par le Roi, sur la demande des deux Chambres, sont publiées et sanctionnées dans la même forme que celles proposées de propre mouvement.

TITRE V.

Communications des Chambres avec le Roi, et des Chambres entre elles.

ART. 1ᵉʳ. Le Roi communique avec la Chambre des pairs, et cette Chambre communique avec le Roi par le Chancelier, et en son absence par le vice-président.

2. Les communications du Roi avec la Chambre des députés se font par la voie des ministres, et celles de la Chambre avec le Roi, par l'intermédiaire du président de la Chambre ou des vice-présidents.

3. Les Chambres communiquent entre elles par l'intermédiaire de leurs présidents, dont les lettres sont portées par des messagers d'état précédés par deux huissiers.

4. Ces messagers sont reçus au bas de l'escalier et introduits dans la Chambre par des huissiers : ils remettent leurs lettres aux secrétaires qui les transmettent au président, et ils se retirent avec les mêmes honneurs, après avoir reçu acte de leur message.

5. Les Chambres ne peuvent jamais se réunir. Toute délibération à laquelle un membre d'une autre Chambre aurait concouru, est nulle de plein droit.

TITRE VI.

Des Adresses.

ART. 1er. Les adresses que les Chambres font au Roi doivent être délibérées et discutées dans les formes prescrites pour les propositions des lois.

2. Ces adresses sont portées au Roi par une grande ou par une simple députation, selon qu'il plaît au Roi.

3. La simple députation est composée du président et de deux secrétaires; vingt-cinq membres de la Chambre, y compris le président et les secrétaires, forment la grande députation.

4. Aucune chambre ne peut, dans aucun cas, faire des adresses au peuple.

TITRE VII.

Dispositions générales.

ART. 1er. La Chambre des pairs, ni celle des députés, ne se montrent jamais, en corps, hors du lieu de leurs séances.

2. Elles n'envoient de députations qu'au Roi, et avec sa permission expresse. Elles peuvent députer vers les princes et princesses de la famille royale lorsqu'elles y sont autorisées par le Roi.

3. L'habit de cérémonie des pairs et celui des députés, seront réglés par une disposition particulière.

4. Le présent Réglement sera porté à la Chambre des pairs, par notre Chancelier, et à celle des députés par notre ministre de l'intérieur.

Donné à Paris le vingt-huitième jour du mois de juin, l'an de grâce dix-huit cent quatorze, et de notre règne le vingtième.

Signé LOUIS.

Et plus bas :

Signé L'ABBÉ DE MONTESQUIOU.

Le présent Réglement, discuté, délibéré et adopté dans les deux Chambres, sera publié et enregistré, pour être exécuté comme loi de l'État.

Donné au château des Tuileries le treizième jour du mois d'août de l'an de grâce dix-huit cent quatorze.

Signé LOUIS,

Par le Roi :

Et plus bas,

L'ABBÉ DE MONTESQUIOU.

TABLE
CHRONOLOGIQUE.

d'une contestation sur la question
de savoir si une portion de terrain
est comprise dans une vente faite
par l'autorité administrative, p. 203.

16 octob. 1813. Décret qui annulle, pour cause
d'incompétence, un arrêté par le-
quel le Conseil de préfecture du
département de l'Isère a fixé la largeur d'un chemin déclaré vicinal,
et a jugé une question de propriété
dont la connaissance appartient aux
tribunaux,   207.

Dudit jour.   Décret qui annulle, pour cause
d'incompétence, un arrêté par lequel le Conseil de préfecture du
département de Seine et Marne a
fait une désignation de chemins vicinaux, et a jugé une question de
propriété dont la connaissance appartient aux tribunaux,   211.

6 nov. 1813. Décret portant rejet d'un pourvoi
au Conseil d'état, qui tendait à
faire déclarer comme non avenu,
sur simple exception de compétence, et sans conflit positif ou
négatif entre l'autorité administrative et l'autorité judiciaire, un
jugement du tribunal civil de la

FIN DE LA TABLE CHRONOLOGIQUE.

Chapelet incliné mu par une roue à aubes......	0,11.	0,007.
Roue à godets mue par une roue à aubes.......	0,70.	0,004.

On voit par ce tableau que le prix des épuisements peut varier d'un à dix, et que, quand ils doivent être considérables, le choix des moyens qui seront employés est un objet assez important. Parmi les machines mues par des hommes, le chapelet vertical paraît être la plus économique après la roue à tympans. Mais si on a égard à l'incertitude de l'effet du chapelet dont les réparations plus ou moins

www.ingramcontent.com/pod-product-compliance
Lightning Source LLC
Chambersburg PA
CBHW070235200326
41518CB00010B/1571